JN418452

위기를 기회로 만든

TOYOTA 혁신력

Toyota Innovation Power

정 광 열 지음

도서출판 두남

들어가며 •••

27년간 TPS의 교육이나 컨설팅을 해오면서 TPS에 대한 관심이 가장 뜨거웠던 해는 2009년과 2017년이다.

특히 2017년에는 47차수를 진행될 정도로 대단했다. 매번 참가자들은 직위가 다르고 사업분야가 다른 분야에서 참가하여 TPS의 접근 방법은 사뭇 달랐다. 제조업이 있는 반면 장치산업과 서비스, 소프트웨어 개발, 영업 분야, IoT 기기 개발 등 다양한 분들이 참가했다.

하지만 공통적인 것이 있었다. 이익을 내야 한다는 것과 사람의 능력을 어떻게 잘 활용할 것이냐 하는 것이다. 많은 분야의 분들과 접하면서 TPS활용방법을 찾은 내용을 모아 이 책을 저술하게 되었다.

일본의 제조업이 높은 인건비로 무너질 줄 알았지만 오히려 이제는 강한 경쟁력을 확보하고 있는 중이다. 오히려 한국의 기업이 빠르게 무너지고 있다. 기업의 생존 기본역량을 획보하지 못한 것이 원인이다. 인건비가 오르면서 일본의 많은 기업들도 그동안 기술개발을 서둘러 확보를 했고 약한 많은 기업들은 탈락했다. 약한 기업들이 퇴출이 되는 것을 정부에서 관여하지 않는다. 사장의 경영능력이 부족한 것도 문제가 되지만 관리자나 사원들도 약해서 무너지는 것이기에 직장을 잃는 것으로 함께 책임을 지게 한다. 토요타자동차조차도 약한 기업을 이끌고 가지는 않는다. 신차의 개발 단계에서 신 부품의 발주를 멈추는 것으로 자연스럽게 관계를 끊어 나간다. 강한 협력기업은 많은 물량의 발주를 받으며 큰 성장을 하며 규모를 키워가고 있다. 물론 품질은 기본이고 가격을 싸게 만드는 능력이 인정된 기업에 한한다.

그들은 똘똘한 강한 기업과 함께 하려고 한다. 토요타만 쳐다보는 기업을 좋아하지도 않는다. 토요타는 일본 최고의 시장점유율은 물론 세계에서도 가장 많은 생산을 하기에 가격 협상력도 발군이다. 여러 가지를 잘 갖추었다. 모듈러디자인을 추구하는 TNGA를 실행, 폭발하듯 증가하는 부품수를 줄이면서 다양한 디자인의 차량을 제공한다. 그리고 협력기업의 단가에도 많은 영향을 주고 있다. 경쟁기업의 생산 대수도 함께 넣어서 규모의 경제를 감안하여 단가인하의 결정을 하기 때문이다. 그런데 협력기업은 어렵다고 이야기하고 토요타를 미워해야 하는데 반대이다. 토요타를 매우 고마워한다. 2차 벤더이지만 4% ~ 8%의 높은 영업이익을 안겨주기 때문이다. 한국의 기업과 딴판이다. 최근에 와서 대기업과 거래하는 대부분 협력 기업들이 이익을 내지 못하고 있다. 많은 노력을 하여 이익을 많이 내면 더 많은 단가인하를 각오해야 하니 많은 이익을 낼 수도 없는 실정이다. 하지만 어찌할 수는 없다. 이곳은 한국이니 여기에 맞는 생존방법을 찾아야 한다.

이번 저술을 하면서

첫째로 독자 분들께 제공하고자 하는 것은 토요타를 일으킨 힘의 원천을 분석하여 기업이 지속적인 이익을 내는 방법론을 찾는

것이고

둘째는 기업의 1등 DNA를 만드는 방법과 1등 정신 만들기

셋째는 새로운 혁신의 방향성과 Logic을 통해 한국의 기업들과 관리자들이 새로운 시대를 돌파하는 사고 방법에 대한 제안

넷째로는 여러 가지 변화와 혁신의 사례를 통해 Insight를 줄 수 있도록 변화혁신을 정의하고 성공방법과 과정을 소개하였다.

TPS를 일본 연수와 혁신사관학교에서 교육을 하면서 5년 전까지만 해도 모랄훈련이 의식혁신을 위한 중요한 교육의 항목이었는데 이제는 원하는 기업에만 적용하고 있다. 국민소득이 3만 달러에 이른 만큼 스스로 "자공정완결"로 완성도 있게 일하는 방법을 취할 것이라는 기대를 하기 때문이다. 최저임금이 빠르게 오르며 걱정을 하지만 이제 1만 원의 시급을 주는 것은 기본이고 더 주어야 한다는 생각으로 사업을 해야 한다. 대신 사람이 보내는 시간 중에 90%가 아직 손실기능이라는 놀라운 여유가 있다는 것을 인식할 필요가 있다. 일하면서 허비하는 시간의 낭비를 줄여 나가면서 더욱 높은 성과를 올린다면 좋은 대우가 문제되지 않을 것이다.

다가오는 4차 산업혁명을 준비하는 산업에 관련한 기업들에게도 도요타에서 전하는 이익을 내는 혁신방법과 시스템적으로 일하는 경영의 기본을 갖출 것을 권한다. 무엇보다 저성장시대에 한국기업의 생존방법과 이익을 내는 지혜가 참고가 되고 변화혁신을 필요로 하는 기업들에게 많은 Insight가 있길 바란다.

2018년 4월을 맞이하며

정 광 열

차 례 •••

A 토요타를 다시 일으킨 혁신력

▶ 토요타자동차의 테크니컬센터 전경 12,000명이 근무 중임

1.1 토요타의 성과를 만드는 혁신사고

혁신이란 무엇일까? 왜 혁신을 해야 하는가?

27년간 토요타를 연구하고 강의하면서 던져온 질문이다. 혁신은 기업에게 참으로 어려운 과제이다. 혁신을 어떻게 정의하느냐에 따라 기업의 운명은 달라지기 때문이다. 혁신은 기업마다 정하는 "변화의 의도적인 방향성"이다. 토요타에서 "고객중심, 이익중심, 실행중심으로 변화하는 것"이라는 3가지를 정의하는 것을 보고 그 지혜에 놀랐다. 중요한 것은 정의를 한 것으로 끝이 아니었다. 정의한 그대로 실행을 하면서 큰 이익을 만들고 있었다. 모든 시스템의 설계 개념이 명확하기 때문이다. 고객중심이기에 고객이 원하는 것을 주문식으로 생산한다. 이를 통한 효과는 엄청나다. 생산관리부문을 두고 예측하여 생산계획을 준비할 필요가 없어진다. 팔린 정보가 공유되면 관련 모든 부문이 그대로 사전 준비가 가능해진다. 팔린 순서대로 만들면 생산계획을 짜는 회의도 필요 없다. 당연히 완성되는 즉시 고객에게 인계하면 되므로 제품의 재고도 없어진다. 부품의 조달도 같이 진행이 된다. 표준 재고를 가지고 운영하면서 후공정(고객이라 정의)에서 사용한 부품만 발주를 낸다. 그것도 발주업무를 하는 구매부서를 두고 하지 않는다. 작업자가 사용한 부품박스에서 간판을 떼어 내면 그대로 발주서로 변하는 간판이 있기 때문이다. 슈퍼에서 물건마다 바코드를 읽어주듯이 떼어져 나온 간판의 큐알 코드를 읽어주는 순간 납품가격을 결재하면서 동시에 전자간판이기에 협력사에 자동으로 발주가 나간다. 협력사의 프린터에서 간판이 발행이 된다.

이것을 붙여서 협력사는 정해진 시간에 다시 납품을 하면 된다.

중요한 것은 이를 통해 구매기능 부서가 필요 없어진다는 사실이다. 부품의 발주를 위한 관리기능이 없고 이미 사용한 부품의 발주이기에 바로 작업자에게 부품을 운반하여 후 보충하여 주면 된다. 토요타는 수입검사가 없기에 입고를 잡는 일은 없다. 당연히 토요타에서는 자재재고가 관리되지 않고 사실상 재고 부담이 없게 된다. 그러나 협력사에서 불만을 이야기하지는 않는다. 재고가 많지 않아 대부분 토요타에 입고가 끝나면 당일이나 익일이면 결재가 나기 때문이다. 이미 사용한 물건만 주문이 되므로 자재 재고관리는 필요가 없다. 여기에 검사라는 기능을 낭비라고 하는 손실기능으로 정의하고 모두 없앴다. 만드는 곳에서 완벽하게 만드는 Fool Proof라는 장치와 불량이면 라인을 정지를 시키는 인변자동화의 시스템이 있기 때문이다. 고객의 가치가 발생하지 않는 모든 Process를 손실기능으로 정의하고 없애버렸다. 때문에 토요타자동차는 물론이고 1차벤더, 2차벤더 모두가 조직이 심플하다. 우리는 꼭 필요하다고 여기는 구매기능이나 생산계획, 수입검사업무, 자재창고관리, 협력기업의 출하검사 업무 등이 없거나 몇 명이 존재할 뿐이다.

고객중심으로 주문식으로 팔린 물건만 만드는 것, 낭비적인 기능의 제거를 통해 고객가치 중심으로 일하는 방법을 만들고 이를 철저히 실행하고 있는 것의 성과가 엄청난 효과를 만들고 있다.

고객중심 가치의 사고로 철저하게 낭비를 줄여서 이익을 극대화하는 방법이 있었던 것이다. 더욱 중요한 것은 3가지의 혁신방향을 그대로 잘 실천하고 있었다. 처음에 TPS는 이론이라 생각했는데 이론이 아니었다. 그대로 실행하고 있는 사실이었다. 실행중심이란 말이 바로 이해가 되는 순간이었다.

토요타 혁신력은 단순히 이론적인 이상적 방법론이나 TOOL을 소개하는 수준이 아닌 실행하고 있는 그대로를 보여주며 말하는 데서 알 수 있다. 우리는 검사가 없으면 불안하지만 토요타는 검사가 있으면 불안하다고 한다. 혁신적인 역발상이다. 검사가 있으면 불량을 막아주는 것이 아니라 검사가 있으면 불량이 나갈 가능성이 높다고 판단한다. 검사가 품질을 보증하는 것이 아니라 생산에서 완벽하게 품질을 만들지 않으면 절대 검사에서 품질을 좋게 만들 수가 없기 때문이다. 무엇보다 물건 만드는 사람의 책임감을 없애고 원가만 추가로 들어가는 것이라고 정의한다. 이것을 토요타는 이미 1985년부터 적용하고 있는데 한국은 아직도 이것을 적용하지 못하고 있다. 고객중심으로 판단하며 개선을 하지 않고 있는 것도 있지만 아직은 협력기업의 저 임금이나 낮은 단가를 활용해서 이익을 만드는 생산을 하기 때문이다.

또한 토요타를 접하면서 이제 한국도 한국만의 자체적인 변화와 개선의 TOOL이 필요함을 절감한다. 우선은 혁신의 3가지 대상인 Product, Process, People 세 가지 중에 Process 혁신은 TPS에서 잘 설명하고 있다. 모든 부문이 100% 참여를 통해 손실기능을 제거하는 것이 가능하여 제품의 가격 경쟁력이나 이익을 높일 수 있기 때문이다.

그러면 우리 한국의 기업들은 혁신을 어떻게 정의하고 실행해야 하는가? 이것이 이 책의 전반을 흐르는 주제이다. 혁신은 이익에 기여를 할 때 의미가 있는 것이다. 한국은 북핵 등 국가적인 위기도 극복해야 하지만 기업들은 4차 산업혁명의 핵심분야인 인공지능과 빅데이터, 자율주행 자동차, IoT 등 ICT산업의 큰 쓰나미에 올라탈 준비를 해야 한다. 생산의 혁신 수준만이 아닌 제품이나 서비스의 상품 세계를 새로운 시대에 맞게 어떤 개념으로 설정하고 혁신할 것인가 하는 것이 문제이다. 토요타의 개념설정의 지혜를 통해 기본을 만들고 우리에 맞는 혁신의 개념과 실행방법을 찾아야 한다.

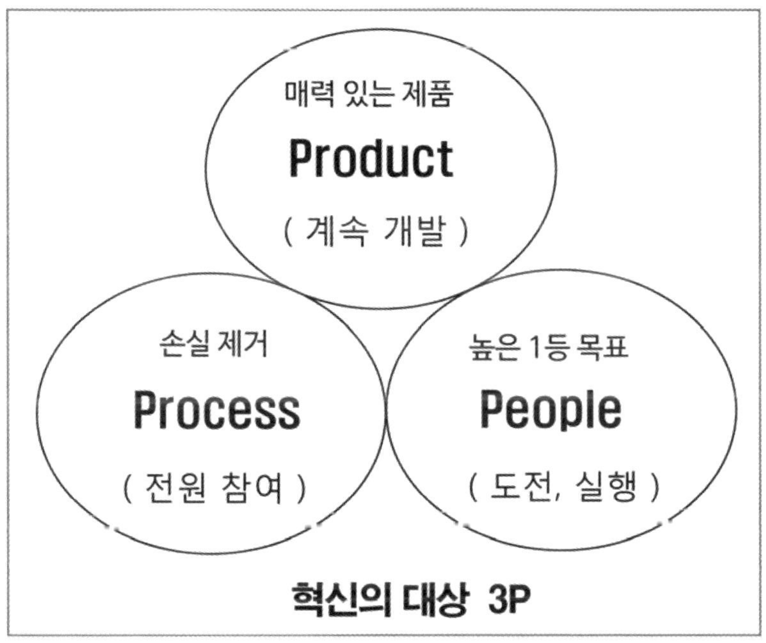

1.2 토요타를 다시 일으킨 인재육성의 힘

토요타는 2008년 금융위기 때 적자를 내었고 이후 품질의 상징에서 리콜을 맞으며 브랜드의 명성이 무너지는 아픔을 겪었다. 이때 걸린 슬로건은 "기본으로 돌아가라"였다. 이때 토요타는 전문경영인을 퇴진시키고 "도요다아키오"라는 오너를 사장으로 선택한다. 핵심은 오너로서 단기적인 경영성과에 머무는 전문경영인의 시야를 장기적인 성장관점으로 바꾸기 위해서였다. 그는 즉시 그동안 감추어 왔던 모든 품질 문제를 드러내고 터트리게 하고 처절한 반성을 하며 고객중심으로의 혁신을 시작했다.

연결결산요약

TOYOTA
2016年 5月10日

(単位:億円)

	前期 ('14/4-'15/3)	当期 ('15/4-'16/3)	増減	
売上高	272,345	284,031	+11,685	+4.3%
営業利益	27,505	28,539	+1,034	+3.8%
営業利益率	10.1%	10.0%	-	-
税金等調整前当期純利益	28,928	29,833	+905	+3.1%
当期純利益 *1	21,733	23,126	+1,393	+6.4%
当期純利益率 *1	8.0%	8.1%	-	-
一株当たり利益 *2 (希薄化後)	687.66円	735.36円	+47.70円	-
為替レート 米ドル	110円	120円	+10円	-
為替レート ユーロ	139円	133円	△6円	-

*1.当社株主に帰属する当期純利益
*2.当社普通株主に帰属する当期純利益

6

▶ 2015년 사상 최고의 매출과 영업이익을 달성

개선의 속도는 문제의 크기에 비례하는 것은 분명하다. 위기감이 크고 손실금액이 클수록 개선의 속도가 빠르다는 것을 보여주었다. 1년만에 적자에서 벗어나고 결국 토요타는 2014년 27조 원, 2015년 28조 원의 영업이익을 내며 화려하게 세계 1등 기업으로 다시 등극을 하게 된다. 문제를 감추려하고 축소하는 동안 전문경영인의 재임기간은 길어졌지만 토요타는 멍들어가고 있었다. 아키오 사장은 현장을 뛰어다니며 현실을 정확하게 인식하게 된다. 토요타는 그동안 이익을 키우고 매출을 늘리기 위해 모든 차종의 부품 공용화와 저임금 국가에서 대량생산을 진행하고 있었던 것이다. 안전과 품질은 뒷전으로 밀리고 규모와 이익의 추구가 문제가 된 것이다. 그는 리콜을 수습하는 단계에서 경영의 우선순위를 다시 설정한다. 처절한 반성과 함께 우선순위를 "안전, 품질 그리고 규모"라고 선언한다. 기본으로 돌아갈 방향을 제시한 것이다. 그리고 이를 실행하는 핵심방법은 인재육성이라고 정의했다. 제품의 품질은 바로 사람의 품질수준만큼 유지된다는 것을 알고 있었기 때문이다.

토요타는 인재의 정의가 일반기업과는 달랐다. 인재란 "목표의 실행과 기준을 지켜내는 책임자"를 말하고 있다. 일을 잘한다는 정의는 열심히 하는 것이 아니다. 1등을 목표로 설정하고 제대로 달성하는 것이 중요하다. 토요타의 생산시스템이 잘 돌아가는 것은 이유가 여기에 있었다. 표준과 규칙이 잘 정의되어 있고 이를 누구나 알 수 있게 눈으로 보는 관리도구가 잘 정비되어있기 때문이다. 그리고 책임자가 명확히 정해져 있다. 책임자는 문제가 일어났을 때 손실의 책임을 뒤집어쓰는 사람이다. 사람이야말로 시스템이 돌아가는 핵심이었다. 책임이 명확하지 않으면 표준과 규칙은 의미가 없어진다. 일하는데 오히려 장애물이 될 뿐이다. 이것을 기본이라고 생각하는 기업이 토요타이다. 책임이 명확하지 않은 규칙은 누구도 지키지 않기 때문이다. 기본을 지키는 사람이 바보가 될 수도 있는 것이다. 당연한 기본이지만 품질은 현장의 작업자가 만드는 것으로 되어있다. 당연히 품질의 책임은 작업자에게 있다. 품질관리자가 별도로 있어서 그가 책임을 지는 것이라고 한다면 잘못이다. 원가가 오르는 비용이 증가할 뿐이다.

그래서인지 토요타에서는 부품의 수입검사나 협력기업에서 출하 검사를 하지 않는다. 물건을 만드는 현장의 작업 단계에서 양품만 나오도록 실수방지시스템이 되어있어서 가능하다. 품질수준을 말하면 그들은 불량제로를 추구한다고 말한다. 물론 불량이 제로는 아니다. 식스시그마수준을 압도적으로 앞서는 0.2 PPM 수준의 불량은 나오고 있기 때문이다. 그 결과 렉서스나 토요타 자동차는 매년 J.D POWER에서 발표하는 세계자동차 기업의 평가 순위에서 최고의 품질 평가를 받고 있다. 현장에서 일을 실행하는 자가 품질을 가장 잘 알게 만드는 것도 기본이었다. 책임은 능력이 있어 신뢰할 수 있는 자에게 지우는 것이다. 관리자가 책임을 다하게 능력을 키우는 것이 그래서 중요하다. 이러한 환경이 조성되도록 경영자가 하는 것이 바로 인재육성이었다.

토요타생산방식은 처음부터 독창적으로 탄생한 것은 아니다. 모방을 하고 일본의 문화에 맞게 개선하면서 탄생이 되었다. 우선은 미국 포드에서 만들어진 대량생산으로 원가경쟁력을 높인 컨베어 벨트방식을 이길 수 있는 방식을 연구하면서 시작이 되었다. 수요예측을 통해 계획적으로 대량생산하는 미국을 이길 수가 없기에 혁신적인 사고를 하게 된다. 고객으로부터 주문을 받아서 생산하는 주문식생산방식을 선택하였다. 그런데 문제는 다품종 혼류생산을 하면서도 대량생산에 버금가는 원가경쟁력을 만들어 내야 하는 과제가 있었다. 이때 토요타의 오노타이이치는 주작업 중심의 작업개선이 아닌 모든 공정 속에 낭비라는 손실기능이 크게 자리 잡고 있음을 발견하게 된 것이다.

▶ 주문식 생산이기에 차량마다 각각 다른 부품을 조립하는 생산지시서가 붙어 있다.

▶ 1953년 이후 토요타 현장의 곳곳에 붙어있는 슬로건 "좋은 품질 좋은 생각"

토요타 생산방식은 생산방식의 혁명이 아닌 낭비를 없애는 접근에서 시작이 되었다. 모두가 "5%의 주기능인 가공작업 기술"에 집중하고 있을 때 그는 작업에 소요되는 공수의 95%를 차지하는 고객의 가치와 무관한 "손실기능인 낭비"에 주목했다. 그리고 이를 집중적으로 개선하면서 제조역량을 획기적으로 올리는 성과를 만들었다.

TPS가 지속적으로 발전이 가능했던 배경에는 1950년부터 40년간 한결같이 오노타이이치라는 인재에게 생산시스템의 혁신을 주도하도록 믿고 맡긴 것이 큰 성과로 연결이 된 것이다. 이때 오노타이이치부사장의 지시와 지도를 받으며 성장한 조후지오회장이 바톤을 이어 받아 토요타의 인재육성을 지속한 결과가 오늘날의 토요타 실적을 만드는 토대가 되었다.

고객만족요소에 기업의 규모는 들어갈까? 일정 규모이상이 되면 이후는 기업의 규모는 영향이 없다고 토요타는 판단한다. 회사가 크니까 고객이 거래하는 게 아니라 기업이 만들어 내는 제품의 브랜드나 품질 가격 납기와 서비스에 고객들이 반응하는 것이라는 사실이다.

이것을 인식하는 것이 중요하다 고객만족 요소와 관계없는 세계 1등으로 생산규모로 키우는 도전은 2007년 성공하였다. 그러나 이것은 엄청난 재난을 잉태하고 있었다. 토요타 와타나베사장의 1등 규모 욕심이 리콜의 문제로 번지며 2008년과 2009년 토요타는 큰 상처를 입는 경험을 했다. 토요타가 확실히 학습한 것은 품질은 사람이 만든다는 사실이었다.

사람의 품질만큼 제품의 품질은 따라 온다. 따라서 좋은 품질을 만들려면 먼저 품질 좋은 사람을 만들어야 한다는 것을 알았다. 토요타가 원가를 줄이는 전략을 짜며 대량으로 해외로 부품 생산을 아웃소싱하면서 놓친 것이 바로 인재육성이란 기본의 중요성이었다. 해외공장의 낮은 수준의 품질의식이 낮은 품질을 만들고 결국 리콜이라는 엄청난 재앙으로 다가왔다. 그래서인지 토요타의 현장에 걸려있는 "좋은 품질 좋은 생각"이란 슬로건을 다시 보게 된다. 토요타의 초심이고 원점이라고 하는 1953년도부터 사용하는 슬로건이다. 올바른 생각을 가진 사람이 좋은 물건을 만들 수 있다는 것을 말하고 있다. 이제 품질을 이야기하려면 인재육성을 통해 사람을 먼저 좋은 품질로 만들어야 한다. 사람의 의식과 생각이 긍정적이고 "고객의 기분 좋은 선택"을 받을 수 있게 제품을 만들어 공급한다고 하는 마음이 먼저였다.

1.3 TPS로 기본을 다시 다진 토요타

토요타는 자동차 부문에서 세계 1등의 영업이익을 내고 있는 자동차기업이 된 배경에는 TPS라는 물건만들기의 기본시스템을 일본의 풍토에 맞게 개발한 것이 절대적인 영향을 주고 있음을 알 수 있다. TPS는 기업의 운영에 있어서 중요한 기본이 되는 3가지 메시지를 전해주고 있다.

첫째로 완벽한 품질을 만드는 "인변자동화" 사상이다.

자기의 공정에서 불량을 만들지도 않아야 하지만 고객인 후공정으로 불량을 보내지 않아야 한다는 것이다. 즉 "자공정완결형"으로 일을 해야 하는 것이다. 일을 하면서 조금이라도 이상이 있으면 세우는 것이 기본이다. 이때 상황을 알리는 안돈에 불이 들어온다. 판단을 할 책임자를 부르는 것이다. 조금이라도 완벽하지 않으면 세워야 품질을 지킬 수가 있다. 문제를 뒤로 미루어서는 안된다. 전문가인 조장이나 책임자가 다가와서 이상을 확인하고 품질에 이상이 없다는 것을 확인한 후 다시 일을 하게 하는 것이다. 이때에 품질문제의 재현성이 있고 근본 원인의 해결이 쉽게 된다. 문제의 확인을 뒤로 미루지 않는다. 당연히 공정마다 양품만 만들어지고 양품만 후공정으로 보내진다. 이것의 효과는 대단하다. 토요타의 2차벤더인 미후네는 125명의 조그만 PRESS 부품을 전문으로 생산하는 기업이지만 품질검사라는 공정이 없고 정규 품질검사 인원도 없다.

출하검사도 없다. 아니 해서는 안 된다고 잘라 말한다. 토요타에서 원가에 반영이 안되는 손실기능이기 때문이란다. 그들은 매달 8백만 개를 출하하여 3개정도의 완벽에 가까운 불량수준을 달성하고 있다. 식스시그마에서 이상적인 품질 수준으로 제시하는 백만 개당 3.4개를 10배나 앞선다. 당연히 그들의 물건을 받아들이는 1차벤더 기업에서도 수입검사는 하지 않는다. 그들을 믿기 때문이다. 인력을 구하기가 어려워서 작업자는 대부분 외국인이지만 "불량방지기구"를 설치하여 이를 가능하게 하고 있다. 바로 품질이 높아지면 원가가 내려간다는 이유를 명확히 깨닫게 해주는 기업이다. 2017년에는 사동차 부품의 프레스를 전문으로 하면서 6%가 넘는 영업이익을 달성하였다. 원가 경쟁력이 있으니 자동으로 영업이 된다. 올해도 영업부서가 없지만 주문물량이 늘어 공장의 증설에 나서고 있다. 3만 달러가 넘은 국가에서 일자리를 유지하는 혁신방법을 제시하고 있는 것이다. 여기서 많이 의문점을 갖게 될 수밖에 없다. 완벽하게 불량이 나지 않는 것은 아닐 것이기 때문이다. 그러면 불량이 나면 어떻게 하고 불량은 어떻게 발견하게 되는 것인가 하는 의문이다.

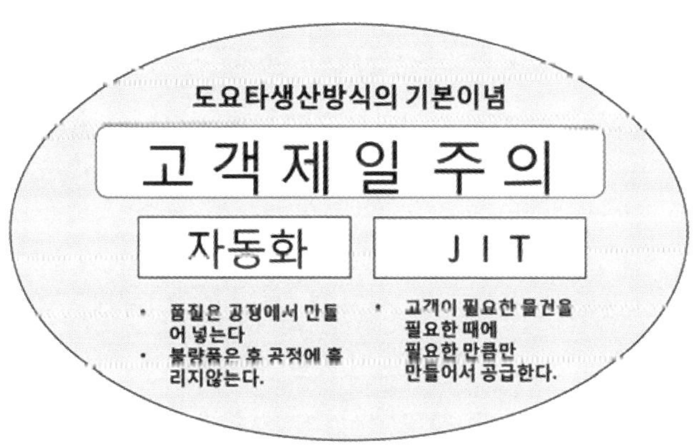

토요타는 완전한 품질을 요구하고 당연히 양품만을 납품하도록 하지만 불량은 나오고 있다. 최종 조립 라인에서 작업자를 통해 알게 된다. 그러면 납품한 기업에서는 품질 재발방지 대책서를 제출해야 하고 사장이 직접 토요타를 찾아가서 발표를 해야 한다. 그리고 불량의 원인에 대한 재현을 통해 확인하고 다시는 불량이 발생하지 않도록 불량방지기구를 만들어야 한다. 당연히 토요타에서 현장을 방문하여 다시는 불량이 발생하지 않을 것이라는 확신을 줄 수 있는 시스템이 있음을 보여주어야 한다. 문제가 발생하면 벌칙이 당연히 있다. 이후 "3개월간 전수 출하검사"를 해야 하는 비용 증가를 감수해야 하는 것이다. 중요한 것은 토요타와 거래하면서 품질 검사를 해야 하는 수준이라면 이익을 낼 수 있는 기업은 없다는 것이다. 토요타가 품질에 강한 이유는 품질문제 재발 방지에 집중하고 있고 엄격한 기준을 만들고 이를 지키는 활동에 있었다. 단순한 내용이지만 이를 통해 품질의 혁신을 이루고 있다.

둘째로 재고를 줄이는 JIT 생산이다.

JIT는 "고객이 필요한 물건을 필요한 때 필요한 만큼 만들어서 공급"하는 방식으로 정의한다. 표준재고를 가지고 이를 바탕으로 간판에 의거 고객에게 먼저 출하를 하고 이를 후 보충하기 위해 생산하는 방식으로 운영이 된다. 이의 매개체는 바로 간판이다. 간판방식을 바르게 적용하면 재고가 늘지 않고 적게 운영이 가능해진다. 간판방식을 일명 슈퍼마켓방식이라고도 한다. 매장에서 고객에게 팔린 물건만을 창고에서 꺼내 후 보충하는 방법이 같기 때문이다. 물건마다 제품의 명세서를 부착하고 팔리면 이를 떼어 내어 보관하다가 창고에 건네주면 정확하게 팔린 물건만 후보충하는 방식이다. 이때 "물건의 명세서"를 간판으로 명명을 한 것이다. 간판방식의 특징은 전혀 재고통제를 하지 않아도 정확하게 유지가 되는 특징을 가진다. 팔린 물건만 간판이 떼어지며 이 순간 간판이 구입 주문서로 변하기 때문이다. 사용하지 않은 물건은 주문도 발생하지 않는다. 토요타에서는 재고는 죄악이며 재고는 돈이 잠을 자고 있는 것으로 정의한다. 간판을 적용하는 토요타에 납품할 때와 그렇지 않은 타 기업에 납품을 하는 경우 재고는 통상 2배 이상 증가하고 있음을 확인할 수 있었다.

순위	기업명	시가총액
1위	도요타	1724억
2위	다임러	783억
3위	폭스바겐	758억
4위	BMW	613억
5위	테슬러	608억
6위	현대자동차	313억

글로벌자동차 기업의 시가총액 순위 (단위 달러, 2017년 6월 기준)

간판시스템을 적용하는 경우 통상적인 발주를 내는 구매업무 기능과 자재창고의 관리 기능이 필요 없어진다. 작업자가 사용한 부품은 떼어내진 간판에 의거 자동으로 발주가 된다. 즉시 작업자에게 후보충의 방식으로 자재를 공급해야 하므로 자재창고를 운영하며 재고관리를 할 필요가 없다. 당연히 고객의 가치가 없는 재고관리라는 낭비요소인 손실기능이 없어지기에 낮은 원가로 생산을 하는데 큰 도움이 된다. 손실기능을 없애 가장 싸게 만드는 원가경쟁력을 가진 기업에 고객이 먼저 알아서 몰려온다. 모두가 어렵다고 하는 지금, 경쟁력을 만드는 방법이 있었다. 그것은 이미 입증이 된 정보나 물자의 재고라는 낭비요소의 제거에서 찾아야 한다는 사실이다.

셋째로 성과로 연결이 되는 강한 현장의 실행시스템을 만들었다.

토요타는 개선시스템의 운영을 통해 제안으로 이룬 개선건수가 매년 95만 건, 개선효과는 2015년 4조 원, 2016년에 4.5조 원에 이른다. 이는 토요타가 위기를 극복하고 일어서는데 결정적인 역할을 했다. 그리고 자동차 판매대수에서는 1등은 아니지만 2017년 6월 조사에서 글로벌자동차 기업의 주가시가 총액은 1,724억 달러로 2위인 다임러 783억 달러, 3위 폭스바겐 758억 달러를 압도적으로 앞서가고 있다.

무엇보다 우리에게 토요타가 주는 메시지는 자동차를 만드는 방법이 아니다. TPS가 가치가 있는 것은 이론이 아닌 실제 현장에서 실행하고 있는 내용을 보여주는데 있다. 따라서 시스템을 갖추면 한국에서는 물론 베트남, 중국에서도 적용이 가능한 것이다. 일본의 토요타자동차 견학자의 가장 많은 사람이 중국인이 되었다. TPS를 학습하는 기업의 구성원도 중국인이 가장 많아졌다. 그들도 인건비가 오르면서 생산성 향상이 필요해진 것이다.

TPS의 목표는 업무프로세스의 낭비제거를 통해 낮은 원가로 생산을 하는 것이다. 일본의 품질수준이 높고 일본인은 장인정신이 있기 때문에 가능했다고 하지만 지금은 다르다. 2차벤더의 현장은 외국인이 더 많아졌다. 인력의 부족으로 사람을 구하지 못하기 때문이다. 이러한 어려움 속에서도 토요타가 강한 경쟁력을 유지하는 비결은 다음의 두 가지에서 찾을 수 있다.

첫째로 협력사의 제조 경쟁력이 매우 높다.

토요타의 협력사에서 입고되는 자재의 무검사는 이미 1985년부터 실시되고 있다. 소득 2만 달러가 넘으면 군더더기 일들이 많아서는 경쟁력을 만들지 못한다. 이미 경쟁국가 대비 인건비 수준이 높기에 낭비없이 일하지 않고는 일거리를 유지하지 못한다. 일자리는 일거리가 있어야 만들어진다. 토요타는 높아진 임금만큼 노동생산성을 높였던 것이다. 한국의 노동생산성은 일본의 70% 수준인데 급여수준은 일본보다 높아졌다. 당연히 기업의 경쟁력이 낮아지고 생산량이 줄어든다. 이와 함께 일거리가 줄며 일자리가 없어질 가능성이 높아지고 있어서 우려스럽다. 경쟁력을 갖춘 일본은 해외에서 기업들이 돌아오며 좋은 일자리도 넘치고 있다. 복지혜택을 늘리는 것은 좋지만 기업이 원가 경쟁력이 없으면 일자리는 없어진다고 하는 사실을 절감하게 된다.

둘째로 설비의 내제화를 통해 고정비를 낮추었다.

이는 오토 트랜스미션의 부품 정밀절삭가공 분야에서 세계 1등을 점하는 토요타의 2차 협력사인 AVEX라고 하는 중소기업의 현장에서 확인되고 있다. 최근 공장 확장을 끝냈지만 2년 이내에 다시 지금의 두 배 이상의 생산 규모가 필요하여 추가로 증설을 준비하고 있다. 그들은 올해 사상 최고 8%정도의 영업이익을 달성했고, 2017년 8월에 이제까지 없던 깜짝 특별보너스 11억 원도 지급하였다. AVEX는 중소기업이지만 많은 경영혁신의 메시지를 던져준다. 절삭가공의 기술로 자동차 부품을 생산하는 기업이지만 부품의 가공기술은 물론 생산에 필요한 자동화 설비마저도 자체적으로 신속하게 제작하는 능력을 갖고 있는 것이 특징이다. 외부에서 구입을 하면 3억이 넘는 초정밀 가공설비를 내부에서 3천만 원 수준으로 만든다. 고정비를 낮추기도 하지만 자체적으로 설비의 수리보전이 가능해지면서 설비가 서있는 시간이 짧아질 수가 있어서다. 당연히 설비수리시간을 고려하여 많은 재고를 갖는 손실을 줄일 수가 있다. 재고가 줄어드는 효과도 있지만 설비 가동율도 압도적으로 높아진다. 당연히 자체적으로 설비를 만들다 보니 설비의 기능은 중시되지만 외관은 미려하지 않고 투박하다. 중요하게 생각하는 것은 그 설비에서 나오는 원가 경쟁력과 높은 품질이었다. 낮은 원가를 맞추려면 고정비를 낮추는 생산기술이 중요하기 때문이다. 당연히 경쟁사가 설비 감가상각비 등 고정비가 거의 없는 AVEX의 원가수준을 따라 올 수가 없다. 절삭가공만을 잘하는 기업들이 모두 적자를 내며 떨어져 나간 이유이다. 이제 그들은 설비를 만들어서 판매하는 기업으로 변신도 비전으로 마련하고 있다. 가공기술만이 아닌 설비의 기술도 함께 습득하여 사람의 능력가치가 매우 높다. 현장작업자를 기술적인 능력이 높기에 기능인이라 칭한다. 그래서인지 작은 중소기업이지만 비교적 높은 급여를 줄 수 있고 신입지원자가 넘치고 이직율이 거의 없는 기업이 되고 있다.

일자리의 확대를 위해서라도 다시 한 번 진정한 경쟁력의 근본을 생각하며 토요타생산방식을 돌아보게 된다. "지금까지 일해오던 방법이 경쟁력이 없었다는 것을 자각했습니다. 위기감을 갖게 되어 다행입니다." 토요타를 보고 난 후 느낌을 술자리에서 기업의 간부인 연수생이 이야기한 것이다.

많은 사람들이 "진정한 TPS의 활용방법과 대단함을 이해하고 눈으로 보게 되어 너무 좋았습니다. 앞으로 배운 내용을 실행에 옮기는 사람이 되겠습니다. 기업의 역사가 짧은 한국에도 크게 도움이 될 수 있는 방법입니다."

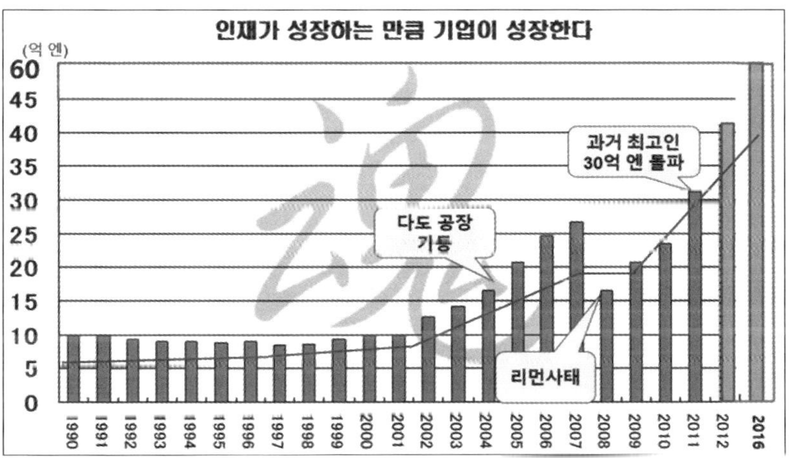

▶ 원가경쟁력의 향상으로 생산량이 증가하며 AVEX의 매출액이 오르고 있다. 2001년부터 장기경영비전 수립과 실천이 성장원동력이 됨.

혁신사관학교의 교육을 이수한 수료생 소감이다. 일자리가 걱정인 지금, 기업의 근본적인 경쟁력을 어떤 모델에서 찾아야 하는지 생각해보게 된다. 토요타방식은 제조업은 물론 공무원이나 금융기관까지도 배울 수 있는 혁신적인 경영모델로 평가되고 있다.

이제는 우리 한국에서도 혁신의 롤 모델을 찾았으면 좋겠다. 과잉의 공급시대를 맞이하여 이제는 경쟁력이 일자리를 지킨다는 평범한 진리가 고객의 입장에서 생각하면 명확히 다가온다. 중국인들의 토요타견학자 수가 한국인을 두 배 이상 앞지르고 있다. 더더욱 배움에 진지함이 한국을 능가한다고 평가하는 토요타 안내원의 이야기는 의미가 너무나 크다.

1.4 강한 응집력을 만든 토요타 도산의 교훈

어려웠던 시기를 잘 기억하면 강한 교훈을 만들 수가 있다. 1949년에 도산직전에 몰렸던 토요타가 좋은 사례이다. TPS의 창시자로 불리는 오노타이이치는 1932년 나고야공고를 졸업하고 토요타자동직기에 입사하여 현장의 기술을 배웠다. 1943년 토요타자동차로 이동을 한다. 1945년 일본 패전 이후 공장의 재건과 생산방식의 재구축을 위해서였다. 1949년 도산에 이르자 오노타이이치는 이때 반드시 미국을 이기겠다고 하는 정신으로 상황을 변화시켰다. 이유는 많은 해고가 있었기 때문이다. 정리해고는 회사가 경쟁력을 잃어 망하면 어쩔 수 없는 선택이 된다. 이때 은행의 법정관리에 들어가면서 33%를 해고해야만 했다. 이익을 내어 돈이 많으면 그 기업에 돈을 꾸어 주려는 곳이 은행이고 반대로 진짜 어려움이 닥쳐 돈이 필요해지면 은행은 오히려 돈을 회수하려고 하는 무자비한 집단이라는 것도 알았다. 그때 얻은 결론은 첫째로 "해고하지 않는 기업"이 되자였다.

두 번째 "은행에서 돈을 꾸지 않는 기업"이 되자. 그 다음 세 번째가 미국의 인당 생산성이 토요타 대비 8배가 높은데 이것을 3년 내 따라잡자는 것이었다. 이 세 가지를 제시한 사람은 회사가 망해 물러나게 된 토요타 자동차설립자인 토요타키이치로이다. 그가 물러나면서 은행에서 법정관리인이 들어왔다. 이때부터 많은 구조조정이 실시되며 해고를 하게 되는데 퇴직한 사람들이 불황이라서 갈 곳이 없었다. 이에 많은 고민을 거듭한 키이치로는 얼마 후에 스트레스성 심장병으로 1952년 3월 58세의 젊은 나이로 세상을 떠난다. 그래서 토요타는 DNA가 생겼다. 해고는 정말 해서는 안 되겠다는 합의가 자연스럽게 이루어진다. 이것은 지금까지 계속 지켜지고 있다. 토요타의 노사가 대립이 아닌 합의의 기술로 발전하게 되었다. 이것은 합의를 이끌어내는 것이 노조에게는 안정된 일자리를 주고 기업에게는 경쟁력이 생겨 공동의 이익에 부합함을 체험적으로 알고 있기 때문이다. 회사의 부도가 준 충격이 유산으로 기억되면서 서로 선을 잘 지키고 있다. 이제 은행에서 돈을 꾸지 않는 기업이 되었다. 반대로 은행에 돈을 빌려주는 기업이 되었다. 2008년에 한번 5조 적자를 냈지만, 그 적자는 경영에 그리 문제는 없었다. 1.8%의 일시적인 적자가 토요타의 체질개선으로 연결이 되었고 토요타의 도요다아키오라는 오너일가가 사장으로 취임하며 좀더 길게 보고 미래를 향한 자동차 개발에 과감한 투자를 결단하는 환경도 마련되었다.

어려움을 겪으면서 더욱 강해진 원동력은 결국 어려웠던 환경에서 강한 니즈를 얻었기 때문이다. 생산성의 차이가 미국의 8배라는 그 목표를 달성하지 않으면 안 된다고 했을 때 오노타이이치가 나서서 결국 이것을 해냈다. 목표가 있으면 목표와 현실이라는 차이(GAP)가 생긴다. 이것을 문제라고 정의했다.

문제 해결을 위해서는 먼저 문제를 정의하는 것이 중요했다. 명확히 문제가 정의가 되면 해결은 그리 어렵지 않다. 문제를 모르거나 감추어져 있을 때 문제 해결은 가장 어렵다는 사실이다.

여기서 오노타이이치라는 사람은 어떻게 TPS를 발전시켜왔는지 알아보고자 한다. 그는 부하를 육성하면서 "개선이 없으면 원가는 계속 오른다. 그런데 판가는 어떠할까? 시간이 지날수록 경쟁이 치열해지면서 판가는 계속 떨어진다"고 강조했다. 판가가 원가보다. 밑으로 떨어지면 결국 적자가 나게 된다. 적자가 나면 일을 한 것일까? 아니면 헛일일까? 일이란 고객이 부가가치로 인정하며 돈을 지불하는 주기능을 말한다. 적자는 고객이 돈을 나에게 지불하는 것이 아니라 내가 거꾸로 돈을 고객에게 얹어 주는 것이다. 이것을 명확히 구분하는 것이 필요하다. 열심히 노동했지만 적자나는 노동을 했다면 헛일을 한 것이다. 적자는 일을 한 것이 아니라 시간을 낭비하며 원가를 올렸을 뿐이라는 것이다. 그럼 어떻게 해야 하는가. 오노타이이치는 이것을 분명히 했다. 원가는 판가 밑으로 반듯이 내려야 한다. 원가가 오르는 걸 놔두면 적자가 나니 판가 밑으로 내리는 목표를 세운다. 이때 달성해야 하는 원가를 기업생존에 필요하다고 보며 생존원가라고 했다. 이러한 철학을 가지고 전사원이 함께 도전한 토요타는 일류 경쟁력을 갖는 기업으로 변화가 시작이 되었다.

공식으로 풀어보면 통상적으로 "원가 + 이익 = 판가"가 성립이 된다. 원가가 80원이면 20원의 이익을 더해 판가를 100원으로 정할 수가 있다. 이 공식은 물건이 부족하고 경쟁자가 없는 판매자 중심의 시대에 잘 맞아 왔다. 그런데 경쟁이 치열해지고 물건이 남아도는 시대가 되면 상황은 달라진다. 영락없이 판가가 70원이 되고 만다. 그러면 적자가 난다. 적자가 되었으니 일을 한 것이 아닌 헛일이 되어 버린다. 이때 어떻게 해야 하는가이다. 판가를 올리려고 해서는 고객은 떠난다. 그나마 70원도 없게 된다. 당연히 물건만 재고로 남게 된다. 부가가치가 50%라 해도 고객이 없으면 무엇이 될까? 제품은 쓸모없는 쓰레기가 된다. 오히려 폐기물이 되니 버리는데 돈이 더 들어간다. 이 순간에 우리는 패러다임을 바꿔야 한다. 위의 공식인 원가에 이익을 더해서 판가를 구하는 방식은 물건이 부족할 때나 공급자 중심일 때만 성립이 된다. 공급자 마음대로 가격을 정할 수 있고 경쟁이 없을 때만 쓸 수 있는 공식이었다.

- 부족시기 : 판가 = 원가 + 이익
- 과잉시기 : 이익 = 판가 − 원가 (생존원가)

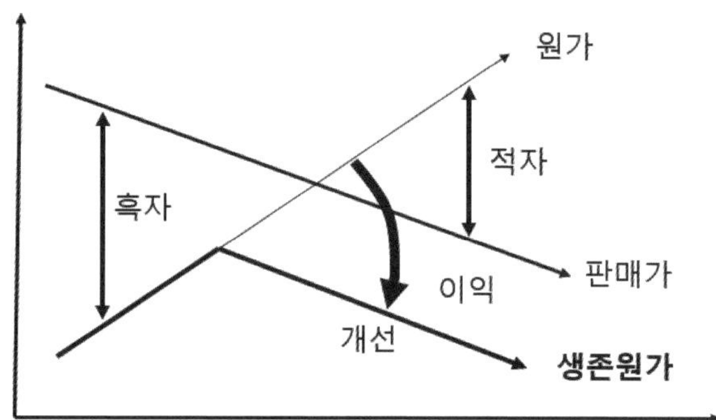

▶ 생존원가율은 이익수준을 얼마로 할 것인가가 중요함, 이하는 적자로 취급

이제 공식을 바꾸어야 한다. 바로 "이익=판가−원가"이다. 치열한 경쟁으로 판가는 70원이 되었다. 원가는 80원인데... 영업에서는 분명히 고객의 선택을 받는 팔리는 가격이 중요하다. 부동산도 그렇다. 매매가 일어난 그때 드디어 가격이라고 하는 것이다. 아무리 높게 부르면 뭐 하겠는가. 안 팔리면 가격이 아니다. 그냥 뜬구름이다. 일명 호가라고 한다. 하지만 실제 매도가 되면 그때 판가가 성립이 되는 것이다. 그러면 이익은 20원, 판

가는 70원, 그러면 남은 거는 50원이다. 여기서 오노타이이치는 이렇게 말한다. 50원 이것이 진정한 목표원가여야 한다는 것이다. 이때 이것을 원가라고 하지 않았다. 생존원가라고 했다. 이제 생존원가라는 단어를 써야 하는 시대에 왔다. 왜냐하면, 지금은 3만 달러를 맞이하고 있다. 고객중심으로 가격을 생각하지 않고는 살아남지 못한다. 과잉공급으로 경쟁이 치열할 때는 원가는 의미가 없으니 생존원가를 쓰라 했다. 우리 회사가 없으면 누가 곤란할까? 이때 고객에게는 불편함이 없다면 우리는 심각하게 변화를 생각해야 한다. 어느정도의 변화가 필요한지 명확히 알아야 한다. 원가를 그냥 줄이는 수준이 아니라 지혜를 써서 원가를 생존원가 수준까지 내리는 도전이다. 이때 생존원가라고 했듯이 생존을 보장 받기 때문에 물건만드는 기업의 생존조건이라고도 한다. 기업은 이익을 낼 수 있어야 생존이 가능한 존재이다. 이익은 기업에 있어서 산소와 같은 존재이다.

이제부터는 원가 속에 고객의 가치를 만드는 주기능의 비율을 키워야 한다. 앞에서 원가속에 얼마나 많은 낭비가 있는지는 이해를 하는 것이 우선이다. 회사에 가서 업무시작 시간이 되면 그 순간부터 1초 단위로 인건비라는 원가가 오르기 시작한다. 이때 일을 하고 있는가 생각해야 한다. 원가는 올라가지만 그 시간 속에 고객의 부가가치를 올리는 시간이 얼마나 있을까? 손실기능이 시간으로 보내면서 시간이 원가비용을 가격에 반영하여 고객에게 전가를 하게 된다. 이것도 원가라고 포함은 시키지만 고객이 인정을 해주지 않는 것이다. 적자가 난다면 원가를 구성하는 내용을 다시 한 번 살펴보는 것이 중요하다. 토요타 방식이 미국에 가서는 린방식이라 불린다. 오노타이이치는 구매업무, 수익검사, 생산관리, 생산계획, 자재관리를 낭비(손실기능)로 구분했다. 28년에 걸쳐서 개선하며 이러한 조직을 대부분 없앴다. 슬림조직으로 물건을 만든다. 물론 업무시간에 회의도 없애거나 현장에서만 실시하도록 노력했다. 물론 회의를 통한 결정과 커뮤니케이션은 필요하다. 하지만 왜 그 황금 시간에 일은 안하고 손실기능인 회의를 하고 있을까? 업무 챙기고 확인하는 것에 필요한 수단이 회의다. 중요한 것은 비용을 지불하는 고객의 입장에서 생각해야 한다. 자신들의 부가가치와 무관한 비용이 원가에 반영이 되어 가격으로 제시되고 있다는 사실을 알면 그대로 지불할 리가 없다.

자신들의 미숙한 업무로 들어간 모든 비용을 그대로 원가에 전가했지만 고객이 받아들이지 않을 때 적자가 난다. 그래서 현장 개선 지도를 하는 회사에 가면 "앞으로 업무시작 시간이 되면 회의하지 마십시오. 업무시간에 회의할 정도의 관리자라면 현장에서 그 사람은 그리 필요한 존재는 아닐 것입니다." 그럼 어떻게 소통해야 할까? 업무시간에는 하지 말라는 뜻이다. 업무 시작 전에 하든 업무시간 끝나고 밤새워 회의를 하는 것은 자유다. 이후 회의가 꼭 필요하면 1시간 일찍 출근하도록 했다. 그러면 개인시간이 아까워 회의시간이 짧아지고 회의소집도 함부로 하지 않게 된다. 여기서 강조하고자 하는 것은 고객의 관점에서 원가를 생각해보자는 것이다. 낭비인 회의를 없애는 것이 아니라 우선은 줄이는 방법과 현장으로 이동할 것을 제시하고 있는 것이다.

업무시작 시간이 되면 관리자가 현장에 나타나 함께 일을 챙기면 생산성이 더 오르게 된다. 일을 시작하면서 의사 결정이나 변화점을 알아야 하는데 관리자들이 모두가 회의를 하고 있으면 현장의 작업 시작부터 우왕좌왕하게 된다. 관리자가 업무시작부터 의사결정이 필요한 시간에 회의에 들어가 있으면 현장은 성과가 올라갈 수가 없다. 이제 꼭 필요한 회의는 현장에서 현물을 보면서 해야 한다. 그래야 부가가치를 날려버리는 보고서 작성이 필요 없어지고 회의시간도 짧아진다. 토요타에서 1페이지로 끝내는 보고서(A3 Report) 작성은 많은 성과를 안겨주고 있다.

원포인트 제언

업무의 90%는 고객의 가치와 무관한 단지 원가만을 높이는 손실기능이라 생각해야 한다. 이때 처음으로 낭비가 보인다.

1.5 토요타의 노사를 하나로 만든 제조기술

2001년도의 일이다. 현대자동차가 일본에 상륙을 시도했다. 이때 품질과 브랜드파워에서 밀리는 현대로서는 가격으로 차별화를 취할 수밖에 없었다. 현대자동차가 2,000cc와 1400cc 급 SUV를 가지고 일본에 토요타 대비 30%를 싸게 가격을 책정하고 일본판매를 시작했다. 이어 서비스망을 3년 계획으로 구축하는 것으로 했다. 이때 토요타는 사상 최고의 영업이익을 실현하며 처음으로 1조엔의 시대를 열고 있던 시기였다. 현대로서는 중공업, 건설, 반도체에서 신화를 열었듯이 자동차분야에서도 세계무대에서 경쟁하는 입장이기에 일본의 상륙은 어차피 필요한 도전이었다. 이때 토요타는 화들짝 놀랐다. 먼저 토요타 노조의 반응이 있었다. 현대를 방어, 물리치기 위해 사상 최대의 이익을 냈지만 일단 3년간의 임금 베이스업을 동결하는 강수를 둔다. 일본과 한판 붙어야 하는 한국의 현대노조는 달랐다. 일본에 상륙하며 경쟁력을 만드는 데는 관심도 없었다. 매년 파업은 기본이고 아주 높은 임금 인상을 실현해 나갔다. 자동차전쟁을 수행할 기본이 되어있지 않았다.

토요타는 노조가 경영진에게 요구를 한다. 현대를 이기는 전략을 수립해 달라……

조후지오사장이 이끄는 토요타는 CCC21(Construction of Cost Competitivness, 21세기 생존을 위해서는 원가경쟁력의 재구축을 통해 30%를 3년 내에 절감한다)을 선포하고 강력하게 진행을 한다. 결국 3년 후 토요타는 30%의 원가절감 목표를 달성하였고 현대자동차는 일본에서 퇴각을 하고 말았다. 토요타가 강력한 경쟁력을 만드는 동기부여를 현대자동차가 해주고 말았다. 이후에 토요타는 2002년도에 12조 원을 올리고, 2007년도에는 25조 원의 영업이익을 낸다. 이때의 토요타가 실행한 CCC21 전술은 30%의 단가 인하를 위한 과감한 글로벌아웃소싱, 서브부품의 외주 조립을 늘리는 모듈화를 통해 조립라인의 생산량 50% 증가, 개발기간을 18개월에서 12개월로 30% 단축 등 3가지의 핵심과제를 실행하였다. 이를 무난하게 달성하게 되며 2004년의 이익의 증가는 기록적이었다. 그런데도 토요타 노조는 계속 베이스업 없이 임금을 동결하고 있었다.

물론 이익에 대한 성과급은 주어지고 있었다.

당시에 현대는 임금을 6년간 63%나 올렸는데 토요타는 2006년에서야 6년 만에 처음으로 겨우 월 1,000엔 올렸다. 왜냐하면 23조 원의 사상 최대의 이익을 냈기 때문이다. 너무 많이 이익이 났는데 이때도 동결해야 하는가 고민하다가 임금 동결이라는 글자만이라도 떼자고 합의한 것이다. 1,000엔은 우리 돈으로 그때 8,000원이었다. 8,000원이면 연봉으로 10만 원이 되지 않는다. 사실 임금을 올린 게 아니다. 그래서 필자는 이것이 대단히 궁금했다. 왜? 현대자동차는 저렇게 지속적으로 올리는데 토요타는 안 올리는 걸까? 이때 마침 토요타 계열기업의 상무를 잘 알고 있었다. 상무에게 이야기했더니 "제조기술이 뭔 줄 알아요?"라고 반대로 필자에게 묻는다.

제조기술? "임금 동결과 제조기술하고 무슨 관계가 있느냐?"고 했더니 "당신은 그것을 아직도 모르고 있는가요? 10년 넘게 토요타를 다녔는데"

도요타 임금은 계속 동결했는데 현대차는 계속 올라

현대차	연도	도요타
9.9%	2001년	동결
8.9%	2002	동결
8.6%	2003	동결
7.8%	2004	동결
6.9%	2005	동결
노조 9.1% 요구	2006	월 1000엔(8700원) 인상

자료:현대차 · 도요타

기업	구 분	2013년	2014년	2015년	2016년	2017년
도 요 타 자 동 차	매출액	256,919억엔	272,345 억엔	284,031 억엔	265,000억	275,000
	영업이익	22,921억엔	27,505 억엔	28,539 억엔	19,000 억엔	17,000억엔
	임금인상	0 (205만엔)	2,700엔 (6.8개월)	4,500엔 (6.8개월)	1,500엔 (6.8개월)	1.300엔 (3월15일)
현 대 자동차	매출액	873,076억	892,563 억	919,587 억 원	936,490 억원	사드 문제
	영업이익	83,154 억 원	75,499 억 원	63,579 억 원	51,935 억원	국내 임금
	임금인상	97,000원 성과 금 :350% 격려금 등:850만	98,000원 성과급 :450% 격려금 :890만원	85,000원 성과급 :400% 격려금 :420만원	72,000원 성과급 :350% 격려금 :330만	154,883원 순이익의30% 성과급 고용 유지 요구

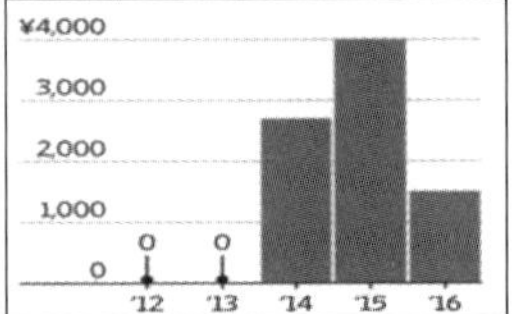

노동생산성은 일본대비 52% 낮지만

2015년 기준 년 봉 비교 (한국경제신문)
도 요 타 : 8351만원
현 대 차 : 9700만원 (14%⬆)

▶ 토요타의 제조기술 확보를 위한 생존경쟁 모습

아! 이 단어의 속뜻을 모르고 있었다니... 아차 싶었다.

제조기술이란 "가장 싸게 만드는 것" 이렇게 그는 정의를 해주었다. 그래서 다시 물었다. "토요타가 지금 제조기술이 있다고 하는 것이 TPS를 통해서 낭비제거를 하여 가장 제조기술이 있는

게 아닌가요?"라고 했더니 이런 이야기를 해온다.

"그게 아니라 왜 토요타가 임금 베이스 업 없이 동결했느냐 이것입니다. 2001년도에요. 그때 토요타 경영진만큼이나 노조가 먼저 놀라 손을 번쩍 든 겁니다. 우리 임금 동결하겠다고 노조에서 스스로 제안한 것입니다."

그 사람들은 제조기술이란 무엇인가 의미를 공유하고 있었다. 인건비 때문에 제조원가가 비싸지면. 제조기술이 없어지는 것이었다.

상무는 더 이야기를 해준다. 2001년 당시에 토요타보다 30% 싸게 들어 왔기 때문에 한국이 제조기술이 있는 것으로 생각했다. 토요타는 이제 제조공장을 잃게 될 것이다. 겨우 토요타는 10%의 이익을 내고 있는데 30%나 싸게 하면 우리는 20% 적자가 된다는 결과가 된다. 그러니 현대자동차가 제조기술이 있고 일본 토요타는 제조기술이 없는 것이다 라고 결론을 내고 노조에서 손을 들었다는 것이다. 그 당시의 판단으로는 현대자동차가 참 무서운 회사라 3년 후에는 일본을 초토화시킬 거라는 거였다. 가격의 파괴는 피할 수 없으니 더더욱 걱정이 되었다. 따라서 토요타구시는 생존을 위한 준비를 해야 하는데 "제조기술"이라는 단어가 이미 모두에게 공유가 잘 되어 있었다는 이야기였다. 노조에서 왜 손을 들었을까? 노조의 기반이 현장에 있었기 때문이다. 그들은 알고 있다. 제조기술이 있는 곳으로 제조공장은 이동한다는 것을... 그러면 토요타시는 제조기반을 잃으며 망하게 된다. 토요타시가 망한다? 그래서 질문을 했다. 그럼 개발기술은 어떻게 정의하는가요? 물었는데 똑같다는 것이었다.

"가장 싸게 만들 수 있도록 개발하면 개발기술이 있고 가장 싸게 만들지 못한다면 제조기술은 없는 것"이다.

그러니까 기술이란 제조기술이든 개발기술이든 "가장 싸게"라는 의미로 공유되어 있었다. 단지 물건을 만들 수 있는 수준이 아니라 가장 싸게 만드는 곳에 바로 제조기술이 있다고 정의를 한 것이다. 그럼 제조기술이 없는 곳은 어떻게 될까? 우선 가격 경쟁력이 없는 공장은 서서히 없어질 것이다. 토요타는 마침 미국의 디트로이트와 자매결연도시가 되어 큰 교훈을 얻은 터였다. 세계 산업의 메카로서 헨리 포드가 자동차 왕국의 꿈을 이루었던 디트로이트시는 2014년 파산도시로 전락하였다. 한국의 자동차 기업은 우선 눈앞의 이익에서 벗어나 길게 보아야 한다. 우리는 제조기술이 있어서 임금을 끝없이 올리고 있는 것인지 진지한 조사가 되어야 한다. 울산시가 몰락한 디트로이트와 같이 파산도시가 되지 않아야 하고 최저임금의 급격한 인상에 허덕이는 협력기업도 배려해야 하는 시기가 되었다. 자신들의 임금 인상이 아닌 협력기업의 임금 인상이 먼저 실행이 되어야 진정한 한국의 리더로서 자리 메김을 할 수 있다. 1년 내내 한국의 자동차 기업 경영자들이 노조와 협상하느라 에너지를 소진하여 미래준비가 소홀해질까 걱정이 된다.

일본의 노동계를 대표하는 토요타자동차는 사상 최대의 이익을 실현한 2016년 1,500엔에 이어 2017년 3월 15일 월 1,300엔 인상으로 임금협상을 완료하였다. 협상이 시작되고 1달 반 만이다. 4월 1일부터 회계년도가 시작되는 토요타 노조는 매년 회계 시작 전에 협상을 마무리하고 기분 좋게 한해를 시작한다.

▶ 토요타 노조위원장 방송인터뷰(나는 1300엔에 납득을 하고 있다)

매년 큰 갈등 없이 노사의 합의가 잘 되고 노조가 오히려 회사를 걱정한다. 방송에 출연하여 미국의 금리인상과 트럼프 리스크를 걱정하며 경영자의 노력을 촉구하는 토요타 노조위원장의 모습은 진정으로 일자리를 만드는 표본이 되고 있다. 경영자들이 노조와 협상하는데 시간을 빼앗겨서 국제 경쟁을 하는데 방해가 되지 않도록 배려하는 모습이 참으로 대단하다는 생각을 갖게 한다.

경쟁력이 있어야 일자리가 늘고 지속적으로 높은 임금을 지불할 수 있다. 지금 차지하고 있는 기득권자들만의 직장이 아니라 미래의 후손에게도 자랑스럽게 물려줄 소중한 유산이 되어야 한다. 디트로이트시를 보며 교훈을 얻어야 하는 것은 남의 일이 아니기 때문이다. 고용의 조건이 좋고 대우가 좋았지만 이것이 지나치면 기업이 망하고 떠나면서 함께 좋은 일자리는 사라진다. 길게 보는 안목이 필요한 이유이다. 이제 현대차도 현지생산, 글로벌의 전략이긴 했지만 국내생산보다 해외생산이 더 많아졌다. 그것도 얼마 지나지 않아 국내의 두 배가 되는 날도 올 것이다.

바로 한국의 최고급 일자리가 해외로 날아가는 모습이다. 나만 취업해있으면 된다고 생각하는 것은 자만이다. 2017년에 타결이 안 되어 2018년으로 미루어진 상태이지만 현재 상태로도 일본의 토요타보다 현대차가 18%가 이미 더 높아진 연봉을 생각해야 한다. 2차 벤더의 기업 현장인의 눈물을 알아야 하고 최저 임금이 오르는 것으로 파산하는 중소기업의 사장들의 눈물을 알아야 한다. 오히려 동결을 선언하며 그 부분만큼 협력기업의 단가를 올려 최저임금의 인상에 배려해야 하는 시기가 되었다.

2017년 말에 토요타 타카오카공장 카로라생산라인을 둘러보면 1번라인은 하루에 택타임 60초로 979대의 생산, 2번라인은 택타임 84초로 하루 2교대로 668대를 생산하고 있다. 토요타 쓰츠미공장도 두 개 라인에서 2교대로 1,600대의 카로라와 프리우스를 생산하고 있었다. 근무는 1교대 6시 25분에서 15시 15분이고, 2교대 16시에서 12시 50분으로 1주일마다 교환한다. 토요타 공장견학에 참여한 연수생에게 감탄을 선사한다. 년간 1,400명이 함께 방문하면서 모두가 주문식으로 생산하는 현장을 보고 모두가 최고의 평가를 한다. 여유시간이 없이 열심히 하는 것과 라인의 생산흐름의 속도를 보면서이다. 1초의 여유도 없다. 여유율은 제로이기 때문이다. 일하는 시간에는 일에 전념한다. 개인적인 전화나 행동은 하지 않는다. 물론 형태는 전반은 2시간 작업 후 10분의 휴식이 있고 점심시간은 45분간 갖는다. 후반에는 1시간 반 작업하고 10분 휴식한다. 이렇게 근무하는 그들은 이제 8시간의 근무라는 제도를 깼다. 하루 7시간 35분으로 줄였다. 개선의 성과가 근무 시간도 줄인 것이다.

그들은 역시 토요타인의 자부심이 있어서인지 일하는 모습이 참으로 열심이고 얼굴이 밝다. 모두가 기분 좋은 견학이었다는 평가와 믿음이 생겨 토요타 차를 사고 싶은 욕망이 생겼다고 한다. 토요타자동차가 위대해 보인다는 평가를 하는 것은 한국인으로서 한편으로는 마음이 아픈 일이 된다. 현대자동차 공장견학은 외국인에게 거의 폐쇄적인데 이제는 자랑스럽게 오픈하여 사원들이 열심히 일하는 모습을 보여주고 우리가 세계적으로 높은 임금을 받고 있는 이유를 알게 해야 한다. 이것이 아니라면 반성하고 고객중심으로 변화를 하는 혁신을 시작해야 한다. "올 한 해만 유지할 직장이 아니라 후손에게도 물려줄 위대한 일자리 유산이다."라는 배려가 필요한 시기이다.

원포인트 제언

제조기술이란 "가장 싸게" 만드는 능력이다. 제조기술이 있는 기업이나 국가로 생산기반은 흘러간다. 일자리를 지키기 위해서 매일 개선이 필요한 이유이다.

1.6 호황은 좋다 불황은 더 좋다는 토요타

"호황은 좋다 불황은 더 좋은 것이다" 황당한 이야기 같지만 파나소닉의 창업자 마쓰시타고노쓰케의 말이다. 그런데 이것을 경영에 실제 도입하여 큰 변화를 만드는 기업이 있다. 바로 토요타자동차이다. 많은 기업들이 불황이 오면 사람을 줄이는 것에 쉽게 유혹을 느낀다. 자연스럽게 구성원들은 언제 해고당할까 걱정이 많아지고 일에 집중도가 떨어진다. 하지만 토요타는 불황이 오면 모두가 단결하는 계기가 된다. 1950년 이래 지금까지 유지해온 전통으로 불황에는 해고를 하지 않았기 때문이다. 그러려면 엄청난 내부 인력의 조정과 변화가 필요하다. 우선 생산부문에서 생산량이 감소하여 여유가 생긴 만큼 조립 라인의 반장이나 숙련자가 차출이 된다. 또한 서비스부문도 일이 감소한 만큼 우수한 실력자들 그리고 품질부문의 실력자들을 차출하여 제품 개발연구소로 이동 배치한다. 불황에 인력의 활용 전략이 명확한 기업이다. 자동차의 연구개발 부문은 주로 석박사들이 많은 곳으로 현장을 제대로 이해하면서 일하는 사람이 아주 적은 부문이다. 여기에 2천 명이 넘는 그들이 배치가 되는 것이다. 1년간 조립부문에서 파견 나온 사람은 차기 제품을 개발하는 연구자들에게 자동차 조립라인에서의 조립성에 대해 제안을 한다. 조립순서를 바꾸게 하는 것은 기본이고 불량의 문제가 되는 작업상문제를 상세하게 현장의 관점에서 제안한다. 그리고 철저히 구조와 조립순서의 변경을 통해 작업의 수월성을 확보한다.

한편 전세계의 서비스센터에서 파견 나온 기술자들은 반대로 연구개발자에게 자동차의 분해성에 대한 제안을 한다. 고객들이 자주 가져오는 서비스의 문제와 시간이 걸리는 문제의 해결방법을 제안한다. 또한 차량의 사고에 따른 부품 분해의 문제를 이해시키거나 재조립을 용이하게 하고 근본적인 성능까지 변경을 요구한다. 간단하고 저비용으로 수리를 하는 것이 서비스의 큰 경쟁요소이기 때문이다. 1년이 지나 개발이 완료 되는 시점에는 그들은 각자의 부문으로 원위치를 한다. 이때 대단한 일이 벌어진다. 제조담당이고 서비스 담당이지만 "내가 개발한 모델이라는 것"이다. 자부심이 있고 개발에 1년간 참여를 한 경험으로 구조와 원리에 대해 너무나 잘 이해를 하고 있다. 특히 자신이 제안한 부분이 개선이 되어 있기에 자부심도 높다. 생산성이 높아지는 것은 아주 당연한 이야기다.

서비스 부문도 자신이 1년간 개발에 참여한 모델이 시장에 나오기에 기대도 크지만 서비스의 품질이 아주 높아지는 것은 당연하다. 신규 자동차에 대해 원리와 구조를 깊이 이해하기에 별도의 서비스 교육도 필요가 없다. 그들이 세계로 나가 스스로 전파자가 되며 현장을 지휘하며 움직인다. 이것으로 그들은 불황에 해고 없이 사람들의 일을 변화시킨 덕분에 호황이 다가 왔을 때 다음과 같은 결과를 얻으며 경쟁사대비 압도적인 성장과 큰 이익을 얻게 된다.

첫째로 제조의 혁신이 일어난다.

신규 개발모델의 현장조립문제를 개발단계에서 해결하여 제조현장의 제조생산성이 20 ~ 30% 향상된다.

제조와 서비스부문에서 파견 나온 개발 참가자들도 자신이 개발한 자동차라는 자부심이 있어서 개선에도 적극적이며 현장에서 그들이 실행하는 개선 제안에 힘이 실리고 일에 주인의식이 가득해진다. 개발의 초기단계에는 새로운 아이디어를 받아들이기가 쉽기에 이 단계에 참여해서 현장의 문제를 사전에 해결하는 활동은 아주 큰 성과로 연결이 된다.

둘째로 서비스의 시간이 대폭 단축된다.

서비스 현장의 문제가 정확히 개발 단계에서 개선이 되기에 서비스 맨들의 사기가 오른다. 또한 분해와 조립의 시간이 단축이 되는 만큼 고객의 만족은 향상이 된다.

셋째로 가장 큰 수확인 연구소의 인력들이 현장 이해가 깊어진다.

연구소에서 연구에만 전력하는 인력들은 현장에 대한 이해가 부족하지만 불황이 오면 그들은 조립과 서비스부문의 실력자들과 함께 개발하면서 현장을 이해하게 되어 차기 제품의 개발에도 크게 도움이 된다.

넷째로 인재를 키운 기업이 호황을 만날 때 폭발적인 성장의 에너지로 함축된다.

경기는 불황만 존재하지 않는다. 절치부심 노력을 하는 기간을 지나면 반드시 호황이 다가온다. 이때가 중요한 것이다. 토요타는 불황에 해고없이 인재육성을 통해 고성장의 에너지가 비축이 되어 순조롭게 성장을 할 수가 있게 된다. 하지만 인원을 줄인 기업은 이때 성장이 어렵게 된다. 신입직원의 적응 기간이 소요되고 증가된 일을 새롭게 담당하는 사람들의 업무 스킬이 부족하여 불량이나 리콜의 요인을 만드는 후유증을 앓게 된다. 결국 그들에게는 호황이 다가오는 것이 위기의 시작이 될 수도 있다. 2007년까지 고도성장이 지속이 되며 토요타는 불황이라는 기간이 없어 인재육성의 기회를 갖지 못해 이후에 리콜이라는 불행을 맞이했다고 설명하는 것을 보고 놀랐다. 인재육성의 크기만큼 규모의 성장을 해야 문제가 발생하지 않는다는 것이다. “사람의 품질이 바로 제품의 품질”이라고 주장하는 것을 이해하게 되는 순간이다. 또한 “제품만들기는 사람만들기”라고 토요타 조후지오 회장은 강조한다. 단지 제품을 만드는 것이 아닌 “안전한 최고의 고객만족 제품을 만든다”라는 토요타의 신념을 실현하고 있는 것이다.

▶ 토요타의 마스코트 로봇(바이올린 연주로 큰 호평을 받는다)

한국의 경제 환경은 불황의 심화에 따른 일자리의 감소라는 먹구름이 가득하다. 인건비 증가 대비와 불황이기에 사람을 줄이는 노력도 많이 하지만 발상을 전환해야 한다. 경험이 많은 그들을 활용, 기업의 성장과 변화 능력을 올리는 계기로 삼는 것이다. 이제는 인건비 대응수준이 아닌 사람의 능력을 창의적으로 활용하는 기반을 만들어야 한다. 불황기간은 호황을 준비하는 시기가 되어야 한다. 우리가 만드는 제품이 고객으로부터 멀어져가면서 불황이 다가온 것이다. 이는 기존의 방법을 털고 새로운 준비를 해야 한다는 신호다. 다시 호황이 왔을 땐 이전의 제품으로 고객에게 다가가서는 안 된다. 바로 불황일 때 새로운 서비스나 제품을 준비하는 것이 중요한 이유다. 불황은 어려운 겨울 같은 계절이다. 하지만 참으로 좋은 계절로 기억이 되도록 겨울을 만들고자 한다면 바로 봄에 경쟁력 있는 씨를 뿌릴 준비를 하는 기간으로 보내는 것이다. 그 답은 바로 토요타가 그토록 강조하는 "사람만들기"에 있었다. 불황을 호황만큼이나 좋은 기회로 만드는 전략이 바로 인재육성이다. 불황도 반갑게 맞이하는 이유가 있는 기업이 있었다.

1.7 토요타 DNA인 개선혼과 유지 시스템

"개선 혼"이란 오노타이이치가 주창한 것으로 혁신을 이끌면서 토요타의 기본정신으로 삼았다.

첫 번째 "알려면 철저하게 알라"이다. 이것은 토요타에서는 5 Why로서 Why?를 다섯 번 추구하라고 요구한다. 오노타이이치는 문제를 접하거나 보고서를 받으면 반드시 5번 왜를 물었다. 부하를 육성하는데 큰 도움이 되었고 진정한 문제의 원인을 파악하는데 역할을 했다.

두 번째는 "알았으면 즉시 실행하라"이다. 알고 있는데 어찌 실행하지 않고 있는가를 물었다. 그것도 즉시 하는 것이 중요했다. "즉 실천의 문화"를 만든 것이다. 한국의 많은 기업이 토요타 연수를 마치고 즉 실천 교육을 많이 실시한 이유였다. "즉시 하겠습니다"라는 말은 토요타생산방식을 확산하면서 오노타이이치가 추구해온 중요한 행동가치였다.

그러면서 토요타의 개선스피드가 올라갔다. 이를 항시 실행한 것이 매달 1박2일간의 즉 실천 자주연구회였다. 토요타의 생산성을 획기적으로 개선하고 계열사의 수준을 끌어 올린 방법론이다. 매달 4개 회사 단위로 묶어서 한 회사에 모여 사람, 재고, 리드타임, 면적, 불량 중에 하나를 선택하여 10% 개선을 1박2일만에 도전하는 강력한 개선의 실행시스템이었다.

세 번째는 "실행을 한 것이 원위치 되지 않도록 하는 것", 즉 유지시스템을 만드는 것이다. 개선이 원위치 안 되게 하려면 시스템을 만들어야 한다. 그러면 시스템이란 무엇일까? 시스템은 어떻게 만들어야 할까? TPS는 시스템이었다. 생산시스템이며 간판시스템, 안돈시스템과 같이 시스템이란 말을 사용한다.

여기서 토요타가 제시하는 시스템이 갖는 구조와 의미를 이해할 필요가 있다.

첫 번째, 지속적인 유지시스템을 구성하려면 "기업은 룰과 기준, 표준, 목표, 국가는 법"을 만들어야 한다.

두 번째는 이것을 "누구나 쉽게 알 수 있도록 도구"를 만들어야 한다. 특정한 사람만 알 수 있으면 안 된다. 도구를 만든다는 것은 품질 기준이 있으면 그것을 작업 표준서나 작업요령서로 만들고 만화로 만들어서 외국인도 쉽게 이해하도록 하는 것이다. 중요한 것은 누구나 이해할 수 있도록 해야 하는 것이다.

세 번째로 "책임자"가 있어야 한다. 책임자란 기준이나 룰을 지키지 못했을 때 "문제로 끝나서는 안 되고 곤란하게 하라"고 되어있다. 곤란을 느끼는 그 때 책임을 지는 것이다. 시스템의 사례를 도로교통법으로 예를 들어보면

첫째로 차량의 속도 단속을 위한 도로교통법이 있다. 기업에서 보면 품질기준서 같은 것이다. 기업현장에서 보면 고객이 요구하는 작업이나 품질표준서를 말한다.

둘째로 도로가에 ⑹이라는 숫자로 동그랗게 표시판이 세워져 있다. 의미가 명확하다. 최고속도를 60㎞ 이하로 달리라는 속도제한 법규를 전하고 있는 도구이다. 기업의 현장에서도 현장의 작업자 앞에 "품질기준서나 작업요령서"가 붙여져 있다.

중요한 것은 표준이 게시가 되어있으면 지키는가이다.

오히려 60㎞를 최저속도로 알고 있는 듯이 80㎞ 이상으로 달리는 것이 현실이다. 필자가 겪은 일이다. 도로교통법을 알고 있고 도로에 60㎞ 표지판이 붙어 있었지만 100㎞로 달린 적이 있다. 상황은 이러했다. 아산온천단지에 있는 혁신사관학교에서 출발하여 유구에 있는 C기업에서 교육과 현장혁신의 킥오프를 하는 날이었다. 그런데 아산시를 지날 때 아스팔트 공사를 하면서 도로를 좁혀 큰 정체에 휘말렸다. 30분 이상을 정체하고 나자 약속시간에 갈수가 없는 상황을 맞는다. 60㎞ 속도로 달려야 한다는 것을 분명히 알고 있지만 약속시간에 도착이 어렵게 된 것이다. 마침 달리는 차도 거의 없고 도로사정이 좋아 일부구간에서 100㎞로 달리게 된다.

이른바 40㎞의 과속이라는 문제를 알면서 달리게 된다. 그런데 문제가 아니라 곤란한 일이 발생하게 되었다. 유구에 거의 도착해 갈 즈음 파란신호등이 켜져 있어서 급한 마음에 그대로 달렸는데 신호등 뒤에 숨겨진 과속단속기를 보지 못한 것이었다. 이때부터는 과속이라는 문제로 끝나는 것이 아니라 곤란하게 되었다. 벌칙금을 내야 하는 곤란한 일이 벌어진 것이다.

조금은 늦었지만 과속을 한 결과 무난하게 약속된 시간에 갈 수는 있었지만 너무나 크게 과속단속 카메라에 찍힌 일이 곤란으로 머릿속을 자리 잡고 있었다. 그런데 그때 C기업의 담당과장이 기쁜 소식을 전한다. 그 과속 단속기는 껍데기만 있고 알맹이는 비어있으니 걱정하지 말라는 것.

너무나 곤란하던 상황이 순간 일변했다. 단지 문제로 바뀐 것이다. 편안해졌다. 돌아오는 길에 확인을 했던 것은 물론이다. 여기서 큰 교훈을 얻는다. 기준이나 룰을 위반하는 것이 문제인지는 알지만 책임을 지는 곤란함이 없다면 기준과 룰은 의미가 사라진다는 사실이다. 법이 있지만 어겼을 때 문제가 될 뿐 책임을 지는 곤란함이 없다면 누구도 불편한 법을 지키지 않게 되는 것과 같다. 예를 들어 현장에 재고가 많다면 경영에는 문제가 된다. 재고에 관한 표준도 있고 5S 활동을 하니까 현장에는 선까지 다 그어 놨다. 그런데 그곳에 제품이 쌓여 재고 기준을 넘었을 때 과잉재고이니 문제라고 한다. 하지만 재고를 줄이는 개선을 할까? 개선하지 않는다. 왜냐하면 곤란하지 않기 때문이다. 그러나 재고문제로 책임을 지는 상황이 다가오면 개선하게 되어있다. 누군가 책임을 지는 곤란함이 없으면 재고는 절대 줄여지지 않는다. 현장에 문제가 있지만 덮여지고 개선이 안 되는 이유는 그 문제로 곤란한 책임자가 없기 때문이다.

일본에서 과속이 없고 불법주차 없이 법을 잘 지키는 이유는 강력한 범칙금과 벌점제도에 있었다. 너무나 큰 곤란함이 결국 법을 잘 지키는 국민을 만들었다. 그들은 고속도로에서 평균적으로 80~90㎞로 달리고 추월차선에 들어서면 최고 속도인 100㎞로 달린다. 한국에 비해 5배 이상 범칙금과 벌점이 높기에 위반할 생각을 못한다. 한국도 이제는 높은 임금을 받는 나라에 속하기에 스스로 룰을 지키지 않고 누군가가 감시해야 한다면 사회적인 비용이 너무 크게 발생한다. 스스로 지키는 선진의식이 필요한 시기이다. 기업의 현장도 스스로 지키지 않으면 낮은 급여의 시기와 다르게 이를 관리하는 데 더 큰 비용이 필요하여 원가 경쟁력을 유지하기 힘들게 된다.

토요타가 세계적으로 28개국에 공장을 가동하면서 성공을 거두는 이유는 책임을 지는 시스템을 갖추고 강력하게 실행하기 때문이다. 우리는 일하는 시스템의 세가지 구성요소를 갖추고 있는지 점검을 해보아야 한다.

토요타가 잘하는 것은 시스템의 마지막인 책임자를 명확히 하고 문제가 발생하면 책임을 지는 곤란을 겪는 이 사람을 만드는 인재육성 활동에 있었다.

일본의 최고 발명왕이라 할 수 있는 사람은 도요다방직공장을 세운 도요다 사키치이다. 그는 23세부터 자동직기를 개량하면서 50종이 넘는 발명을 하였다. 자동직기는 실을 사용하여 천을 만드는 단계에서 종실에 횡실을 짜넣는 작업을 하게 되는데 이때 종실이 하나라도 끊어지면 열심히 작업한 천이 불량이 된다. 따라서 사람이 자동직기에 붙어서 감시를 하게 된다. 이것은 큰 감시의 낭비였다. 사키치는 여기서 모든 종실에 드로퍼를 달아 실이 하나라도 끊어지면 기계가 자동으로 멈추게 하였다. 이것은 커다란 효과를 발휘하는데 사람을 기계에서 자유롭게 만들었다. 사람은 30대 이상을 볼 수 있게 되었고 서있는 기계에만 가서 실을 이어주고 재가동시키면 되었다. 사람의 생산성을 획기적으로 높였고 불량을 만들지 않는 기계로 만들어 냈다. 이 기계에는 사람의 지혜가 붙어있다고 하여 인변이 붙은 자동화라고 명명하였다. 지금은 인변붙은 자동화를 말할 때 "불량을 만들지도 않고 불량을 후 공정으로 보내지 않는 장치"를 말한다.

▶▶ 종실에 드로퍼를 설치하여 실이 하나라도 끊어지면 기계를 자동정지하여 불량을 만들지 않음. 인변 붙은 자동화의 효시

이러한 사상을 바탕으로 토요타에서는 불량이 나면 세우거나 후 공정으로 보내지 않을 수 있도록 실수방지 기구를 만들어서 공정에서 품질을 만들도록 한다. 절대 불량을 후 공정인 고객에게 보내지 않게 되어있다. 그래서 후 공정에서 안심하고 사용할 수 있고 검사하지도 않는다. 이것이 가능하도록 오노타이이치는 "자공정완결형 실수방지시스템(Fool Proof)"과 라인상황을 알려주는 "안돈시스템"을 만들어 냈다.

또 하나의 중요한 TPS의 기둥은 1935년 토요타자동차의 설립자인 도요다키이치로가 만든 JUST IN TIME이다. 고객이 필요한 물건을 필요한 때, 필요한 만큼 만들어서 고객에게 흘려보낸다는 철학이다. 좋은 방식이다 라는 사실을 누가 모를까. 당연한 이야기이기 때문이다. 이것을 실현하기 위해 오노타이이치가 만든 것이 간판시스템이다. 오노타이이치가 만든 것은 시스템이었다. 기준과 철학도 중요하지만 실행을 통해 실제 성과로 연결시키는 것이 핵심이다. 그 실행 주체인 인재를 육성해 낸 것은 오노타이이치였다. 우리는 인재육성을 교육을 많이 하는 것으로 생각한다. 토요타에서는 그런 인재육성을 하지 않는다. 많이 가르치면 잘하는 게 아니라 목표와 책임이 주어져야 제대로 한다는 것을 알고 있다. 임무가 명확해서 내가 이것을 책임지고 한다는 것을 알고 주어진 책임을 다하지 못하면 곤란해진다는 것도 알고 있다. 관리자는 목표를 달성하는 책임자로 키우는 것이 중요한 이유이다. 토요타에서 인재가 있다는 것은 책임을 분명하게 수행할 수 있는 사람이 있다는 것이었다. 토요타의 경쟁력을 만드는 TOOL(JIT, Fool Proof)이 현장에서 잘 작동이 되었던 이유도 바로 TPS라는 시스템이 있었기 때문이다. 문제가 있다는 순간에 토요타는 누가 책임자인지 알 수 있게 되어있다. 높은 급여를 받는 만큼 책임도 그만큼 크게 되어있다. 그 때문에 글로벌 경영에서 성공하고 있고 명성을 유지할 수 있었던 것이다.

1.8 현장의 기본인 이익구조 만들기

토요타를 방문하여 현장을 보면 모두 혀를 내두른다. 우리는 저렇게 열심히 작업을 시킬 수 없으며 사람이 할 일이 아니라고 이구동성으로 목소리를 높인다.

현장의 환경은 한국의 기업보다 많이 열악하고 작업의 강도도 매우 높아 보인다.

대부분의 작업자는 전혀 곁눈질할 여유가 없이 손동작이 민첩하고 마치 춤이라도 추듯 반복되는 리듬을 만들고 있다. 안내자의 설명은 흥미를 넘어 무서움을 느낀다.

부품을 신속하게 본체에 조립을 하고 다음 동작으로 이동되는 사이에는 동작의 낭비가 거의 없다. 동작이 일어나기 전에 벌써 그 다음 작업에 시선을 맞추고 있고 양손이 대기없이 즉시 작업물을 향해 움직인다. 오른손은 스위치를 누르고 왼손은 다음 부품을 잡기 위해 이동이 일어난다. 작업은 1가지 부품이 아니고 5~6개의 부품이 동시에 생산되고 있다. 작업자의 손과 발은 계속 리듬있게 움직이고 시선 또한 동작에 앞서 움직이고 있다.

마치 춤을 추듯이 이동이 일어나고 두 손은 왈츠를 추듯 일정한 주기와 동작으로 멈춤 없이 움직이고 있다. 이른바 세계적으로 최저원가를 실현하고 있는 토요타 공장 조립라인의 모습이다. 마치 로봇이 일하는 현장과 같다는 느낌이라고 견학자마다 말한다. 맞는 말이다. 사람의 일자리를 유지하기 위해 자동화를 늦추고 있는 곳이기도 하다.

처음 보는 사람은 모두가 놀라고 있고 너무 작업자를 혹사시키는 것이 아닌가 해서 애써 외면하려고 하는 그 현장모습을 토요타에서는 아주 당연하다고 생각한다.

그들은 설비가 아닌 가치가 가장 큰 사람의 가동률(稼動率)을 아주 중요하게 여긴다.

8시간은 일자리를 지키고 경쟁력을 만드는 귀중한 근무시간이므로 1초의 동작 낭비도 허용하지 않기 위해 철저한 연구를 거듭하고 있는 것이다.

종업원이 일하는 8시간은 절대 쉬는 시간이 아니다. 물론 2시간 일하고 10분 쉬고 2시간 일하는 형태로 최선을 다하고 있다. 일거리는 경쟁에서 이기고 이익을 낼 때만 존재할 수 있음을 그들은 알고 있다. 그리고 그들은 사람의 심리를 참으로 잘 파악을 하고 있다. 따라서 현장의 생산지시는 5분 단위와 15분 단위로 한다. 미리 일할 물량을 주면 누구나 한 종류를 한 번에 생산해버리고 싶어하는 것이 사람이라는 것이다. 따라서 5분, 15분 단위로만 생산요구량을 작업자에게 알려 준다. 그리고 15분 동안 생산요구량을 달성하지 못하면 즉시 안돈이라는 전광판에 불이 들어오면서 작업이 늦고 있다는 신호를 내게 되어 있다. 즉시 감독자가 달려오거나 Relief(도우미)가 달려와서 늦은 만큼 만회를 해주는 지원을 한다. 작업자가 혼자 해결하도록 방치하지 않는다. 관리자의 역할이다.

이 정도는 현상유지활동으로 그들에게는 그렇게 큰 의미를 부여하지는 않는다. 중요한 것은 개선이다. 토요타에서 개선은 돈을 쓰는 것이 아니다. 지혜는 곤란에 빠지지 않으면 나오지 않는다고 믿고 있다. 개선은 돈이 아닌 지혜를 쓰는 것을 기본으로 한다. 이제 그들은 불황에서도 이익을 얻기 위해 고정비 “0”의 공장을 향해 노력을 하고 있다.

과거 대비 60~70% 수준에서 설비투자가 가능하도록 지혜를 짜내고 감가상각비의 부담을 없애는 전략을 구사하고 있다. 물론 투자를 줄인다고 비례해서 생산규모를 줄이거나 성장을 축소시키는 것은 결코 아니다.

성장을 위한 설비능력 확대는 그대로 하지만 투자금액은 최대한 축소시키는 노력을 하는 것이다. 동일한 규모일 때 투자비를 적게 하는 것도 이미 원가경쟁에서 이기는 것이다. 돈이 아닌 지혜를 쓰고 지혜가 없으면 땀을 흘리라고 한다.

땀을 흘리다 보면 어려움을 느끼고 이것을 탈출하려면 지혜가 나오게 되어 있다고 한다. 어려움이 클수록 큰 성과를 얻는 지혜가 많이 나온다. 지혜는 어려움 크기에 비례한다.

기업에서 개선은 우리 몸으로 비유하면 산소호흡으로서 생존을 위해 필수적인 활동이 되는 것이다. 개선을 멈춘다는 것은 기업의 호흡정지를 의미한다.

당장은 쓰러지지 않겠지만 경쟁사의 도전과 고객의 변화를 모르는 기업에 고객이 눈길을 주지 않기 때문이다. 고객은 냉정하다. 또한 수시로 마음이 변하는 변덕쟁이이기도 하다.

따라서 개선은 고객과 환경의 변화 속에서 기업이 살아남기 위한 최소한의 기초활동인 것이다.

살아 있는 현장을 만들기 위해서는 개선을 하지 않으면 안 되는 필요성을 갖게 해야 한다. 강한 필요성이 없이는 개선은 쉽게 일어나지 않는다.

이를 위해서는 고객의 만족을 통한 이익의 실현이 일을 하는 근본임을 깨닫게 해야 한다. 생산량을 관리하는 관리자에게 이익을 중시하는 Profit Manager(이익관리자)로 변신하게 할 필요가 있다. 생산량은 이익을 달성하는 수단일 뿐이다. 생산성의 개념이 뚜렷하게 각인되어야 하는 이유이다.

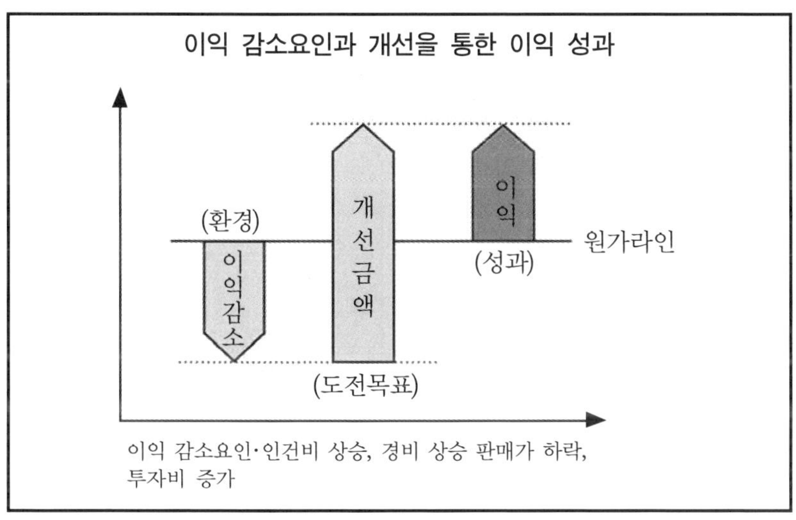

원가가 판매가를 넘으면 생산은 의미를 잃게 된다. 생산량을 맞추기 위해 철야작업을 하고 잔업을 하는 것은 이해가 된다. 하지만 이익이 없는 잔업을 열심히 일하는 것은 앞뒤가 맞지 않음을 자각해야 한다.

정상적인 근무시간이 잔업으로 겨우 이익이 나는 분기점에서 인건비가 두배나 되는 특근이나 1.5배나 되는 잔업을 하면서 이익을 실현하는 것은 불가능한 경우가 대부분이다. 따라서 도요타의 관리자는 시간관리를 생명으로 여기고 일하는 과정(Process)

에 깊이 참여하여 8시간이 지나는 과정 속에서 좋은 결과를 얻게 만드는 역할을 한다. 근무시간이 끝나고 대책을 세우는 것은 이미 늦은 것이다.

인건비 비율이 10% 이하라고 자랑하지 말길 바란다. 우리가 일해서 얻어낸 부가가치의 30~50%를 인건비로 지불하고 있음을 알아야 한다.

이제 힘들게 노동을 해서 매출로 승부를 하는 시대가 아니다. 고객의 만족 속에서 이익을 낼 때 가치가 있다. 매출액의 비교는 물건 부족시대에는 기업의 우량정도를 측정하는 유효한 척도가 될 수 있었다. 그러나 기업가치와 고객중심의 경영환경 만들기가 중요한 지금은 의미가 없어지고 있다. 과잉공급의 시대에는 규모가 아닌 경영이익이 우량 척도를 말하는 첫번째 요소가 되고 있다.

年 度	환 경	경상이익
1991		5, 743 억 엔
1998	일본 최고의 불황 시기	4, 713 억 엔
1999		5, 419 억 엔
2000		9, 722 억 엔 (10조 원)
2001	15.5 조엔 (매출액)	11,135 억 엔 (11조 원)
2002		14,140 억 엔 (14.2조원)
2003	16.8 조엔	16,600 억 엔 (16.6조원)
2004	18.6 조엔	18,200 억 엔
2005	21.1 조엔	20,600 억 엔
2006	22.5 조엔	21,400 억 엔
2007	**25.5 조엔**	**23,500 억 엔**
2008	**20.5 조엔**	**- 4,600 억 엔** (적자)
2015	**27.2 조엔**	**27,505 억 엔**

▶ 최악의 불황속에서 이룬 토요타의 경영실적(91년 ~ 2005년)

따라서 진정으로 이익을 실현하기 위해서는 생산지표를 관리하는 것이 아닌 제품 하나를 생산하는 데 소요되는 대당 인건비 또는 공수(工數)를 KPI 지표로 관리하는 것이 바람직하다.

이익이 평가요소가 될 때 이익을 창출하지 못하는 특근이나 잔업을 줄이는 노력이 가속화되고 조금은 힘이 들어도 적은 인원으로 생산을 하고자 하는 필요성이 유발된다.

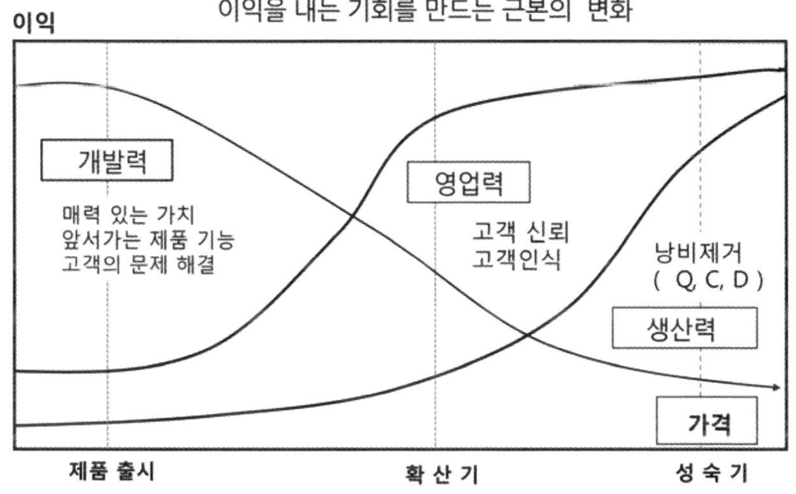

언제나 이익을 얻기 위해서는 생산량이 줄어들 때에도 원가를 유지하는 기술을 갖는 것이 필요하다.

호황일 때 원가 유지는 잘못된 발상이다. 이 때는 당연히 더 많이 생산을 하는 것과 원가절감이 목표가 되어야 한다. 그러나 불황이 되면 호황기 대비 생산량 감소분만큼 원가는 많이 오른다. 생산량이 적어서 매출도 줄지만 개당 고정비 성격의 원가가 오르면서 수익성은 급속히 나빠지기 때문이다.

이 때의 방법은 고정비의 요인이 되는 항목의 비용을 사전에 철저히 낮추는 데 있다. 투자단계부터 고정비를 높이는 감가상각비를 현저히 낮추는 설비내제화 정책이 필요하고, 대부분 고정비화 되어 있는 인건비의 변동비화를 꾀하는 것이 중요하다.

이것은 대부분 뼈를 깍는 고통을 겪고 난 후에나 깨닫게 되는 것이지만 기업의 입장에서도 노조의 입장에서도 서로 Win-Win 할 수 있는 방법이 되므로 함께 추구하는 것이다.

바로 생산량의 변동에 맞추어 유연한 고용구조를 갖는 것이다. 토요타는 불황과 호황을 반복적으로 겪어오면서 기업의 생존경영 전략으로서 비정규 기간직 작업자를 적절하게 활용하고 있다.

노사가 불황에서도 상호 평화로울 수 있는 것은 30% 이상의 생산량이 감소했을 때에도 노조원을 해고시키지 않을 수 있고 경영면에서 보면 자동차의 생산원가가 오르지 않고 어느 정도 경영 유지가 가능하다.

그것은 대부분이 고정비인 인건비의 변동비화를 추구하여 얻어낸 것이다. 회사는 매출의 감소대비 이익 감소가 일어나지 않기에 유리하고 노조는 노조원이 해고되지 않고 일시적인 생산량 증가에 대응하는 기간직 작업자만을 조정하는 수준에서 마무리가 될 수 있기 때문에 갈등이 일어나지 않는다. 불황을 이기기 위한 상호협력이 가능하게 되어있는 것이다. 불황시에 유연한 대응을 할 수 있는 비결은 바로 고정비를 변동비화하는 데 있었다. 당연히 고용을 유지해야 하는 사회적인 책임을 갖는 것이 기업이지만 이익을 내지 못하는 기업은 먼저 사회에 부담만을 안길 뿐이라는 것을 그들은 80년이 넘는 긴 역사에서 깨달은 바이다.

토요타는 생산량의 감소가 30%에 이르러도 고용의 불안문제가 없는 원가구조이며 생산량 감소시기에도 절대로 적자가 되지 않는 원가유지 구조를 만든다. 이 때 처음으로 안정된 직장을 만들 수 있음은 분명하다.

이제 한국도 불황에서 공장이 생존하는 방법을 가져야 하고 또한 이익을 내는 기술을 철저히 추구하는 것이 필요한 시기이다. 베트남이나 필리핀 공장들을 방문하면서 이제 한국은 인건비가 높아진 관계로 육체노동을 하는 생산방법은 포기할 때가 되었음을 느꼈다. 확실한 방향은 개선력이나 다능화를 통해 사람의 부가가치를 높여 설비투자의 몇배 성과를 얻어내는 전략이 필요해졌다.

제조기지로 급부상하는 동남아를 생산성으로 이기는 대책이 없이 한국의 일자리는 보장이 되지 않는다. 왜 일본의 토요타가 2001년 이후 대부분 최고이익을 5년 이상 갱신하면서 노조 스스로 임금동결에 가까운 결정을 했는가를 깊이 생각해야 한다. 눈앞의 돈이 아닌 1등 기업의 자부심을 갖고 후손에게도 내어줄 수 있는 안정된 내일의 일자리를 택했던 것이다.

야마다 명언

팔 물건이 부족하여 기회손실로 망한 회사는 1개사도 없다. 팔릴 것이라 생각하고 설비투자를 한다. 팔릴 것으로 믿고 제품재고를 만든다. 그래서 도산을 한 회사는 헤아릴 수 없이 많다.

1.9 업무의 주기능인 일에 대한 기본사고

▶▶ 필자에게 개선 혼을 써주시는 오노타이이치 부사장 모습

필자에게 토요타의 현장 체험이라는 소중한 기회를 주신 분은 전 토요타자동차 부사장인 오노타이이치라고 하는 토요타 생산방식의 창시자이다. 그 분은 90년 4월 1일부터 3개월간 토요타 계열기업 현장에서 일을 하며 간판방식이나 카이젠을 공부할 수 있도록 연수의 문을 활짝 열어주셨고 연수기간에 생각할 귀중한 숙제를 던져주셨다. 바로 "일이란 무엇인가?"라는 숙제였다. 그런데 3개월 숙제의 자문을 구하기 전에 돌아가셨다. 이후 다행스럽게 수제자인 야마다히토시 선생을 소개 받아 오노타이이치 부사장의 질문에 대한 지도를 받으며 큰 깨달음을 얻었다. 그 분은 토요타 생산방식을 이해하기 위해서는 회사에서 하고 있는 일이 무엇인지 깊이 있게 깨닫는 것이 먼저라고 했다. 그리고 연수 기간에는 자동차의 조립라인이나 부품공장의 현장에서 작업하면서 토

요타생산방식을 몸으로 배우도록 해주었다. 간판방식의 운영방식이나 협력업체와의 조달방법, 재고를 줄이는 방법을 배우는 기회가 되었다. 현장개선의 훈련도 중요한 연수 내용이었다. 오노타이이치 부사장은 12명의 연수생을 위해 직접 찾아 오셔서 강의도 해주셨다. 그때 강의 끝에 필자에게 던진 말씀이 바로 “일이란 무엇인가?”라는 질문이었다. 매우 당황스러웠다. 당시에 갑작스런 질문에 한마디로 이야기할 수가 없어서

“아. 예 일이란...” 대답을 하지 못하고 망설이는 그 순간

“회사 일하러 다니지 않느냐?”고 물으신다.

“예 맞습니다. 일하러 다닙니다.” 긴장하며 대답한다.

“일이 뭐냐고 묻고 있어요, 지금 얘기하지 말고 토요타의 연수를 하는 3개월 동안 연구해서 답해 보세요. 그러면 당신은 생산혁신의 컨설턴트가 될 수 있을 것 같다.”

“예 알겠습니다.”

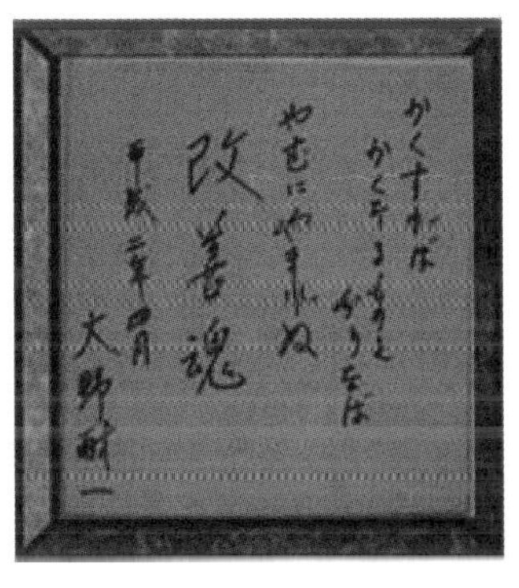

개선 혼

1) 알려면 철저히 알라 (5 why?)
2) 알았으면 즉시 시행하라 (즉 실천)
3) 실행한 것은 원위치 안되게 하라 (System 화)

▶ 오노타이이치 부사장이 써주신 개선혼

그리고 개선의 혼이라는 싸인도 받았다. 이후 매주 댁으로 찾아가서 지도를 받았다. 물론 연수의 진행에 대한 보고가 대분이었다. 일이란 무엇인가라는 숙제로 한 달 내내 생각을 하며 만나는 사람들마다 "일이란 무엇인가" 하고 질문을 했다.

일은 직장내에서 주어진 나의 역할을 다하는 것이란 생각도 했다. 또한 일이란 "회사에는 부가가치를 올려주는 것이고 개인적으로는 돈을 버는 생활의 수단"이라는 결론도 얻었다. 필자가 보름만에 내린 정의였는데 점점 오노타이이치라는 부사장님이 이렇게 단순한 답을 요구한 것이 아니라는 생각이 들었다. 대부분의 사람들은 어떻게 "일이란 무엇인가" 그게 어떻게 숙제가 될 수 있냐고 하지만 본인에게는 중요한 숙제였다. 한 달 후 생각해 낸 것이 "일이란 나의 꿈을 실현하는 수단"이라는 결론을 냈다. 왜냐하면 오노타이이치 부사장을 만나기 위해 한 달간 매일같이 스물네통의 편지를 보낸 적이 있었다. 경영자 조찬회 특강강사로 초청을 하려고 했는데 연락이 되지 않아서 간절하게 응해줄 것을 요청하는 편지였다. 이때의 편지를 생각해보니 결국 오노타이이치 선생과 교감하던 내용으로 "나의 꿈을 실현하는 수단"이 바로 일의 정의가 될 수 있겠다는 확신이 섰다. 나는 꿈이 컨설턴트이고 이 일을 통해서 나의 꿈을 실현하고 싶다는 얘기를 계속 해왔기 때문이다. TPS를 배워서 기업의 현장에서 개선을 하며 나의 꿈을 이루어가는 것, 그래서 일이라는 것이 결국 이거로구나 라고 생각했다. 하지만 숙제 내고 답에 대해 검사를 해주지 못하시고 이내 돌아가셨다. 토요타의 연수는 오노타이이치 부사장님 생전의 지원부탁 덕분에 대우를 잘 받아가면서 마무리할 수 있었다. 이후 수제자인 야마다히토시 선생님을 소개 받아 더 많은 것을 배울 수 있는 기회를 얻었다. 이분이 결국 해답을 주셨다. "일이란 고객이 있는 것"이었다. 고객이란 내가 실행한 것에 대해 돈을 주는 사람을 말한다. 고객이 있다는 것은 고객이 만족해야 이루어진다. 고객은 만족하지 않으면 절대 돈을 주지 않는다. 우리가 만든 물건에 품질과 가격으로 만족해야 한다. 그리고 납기가 중요하다. 또 하나가 더 있다. 문제가 생기면 철저하게 서비스가 필요하다. 이것이 고객만족 요소였다. 그런데 각 내용의 어느 하나라도 일등을 해야 한다는 거다. 가격이 같다면 품질이 최고여야 되고 품질이 같다면 가격이 가장 싸야 한다. 뭐라도 일등이어야만 한다. "고객은 만족해야 고객이 있고 고객이 있으면 고객은 돈을 지불한다"고 했다.

따라서 고객이 있다면, 일에 대한 질문으로 많은 사람들에게서 얻은 "노동, 부가가치를 올리는 것, 돈버는 것, 삶의 한 가지, 나에게 주어진 역할을 수행하는 것" 등등 많은 우리의 일에 대한 생각들이 부차적으로 성립될 수 있게 된다. 고객이 돈을 기꺼이 지불해주는 행동(고객의 밸류)에 집중해야 한다. 지금과 같은 저 성장기는 팔리지 않는 물건을 열심히 만든다고 하는 것은 치명적인 재고의 낭비가 된다. 재고는 기업에 비용만 올리고 매출 효과가 없다 따라서 철저하게 개선으로 없애야 할 낭비요소가 된다는 사실이다.

조금더 구체적으로 살펴보면 일을 노동이라고도 한다. 그러나 고객이 가치를 인정하지 않아 돈을 지불하지 않아도 노동이 일이 될 수 있을까? 더운 여름에 하루 종일 땅을 파는 삽질을 했는데 돈 줄 사람이 없다면 무엇을 한 것일까? 일이 아니라 헛일이다.

헛일은 바로 낭비라는 것이다. 낭비란 일본어로는 "무다"라고 한다. 낭비는 우리가 시간이나 비용을 들였지만 고객에겐 가치가 없어서 돈을 주지 않는 행위를 한 것을 말한다. 일한다고 열심히 움직이지만 고객에게 가치가 없는 동작을 했다면 낭비(손실기능)이다. 고객에게 밸류가 있어서(주기능) "돈을 받을 수 있는 행위"는 일이라 정의한다. 그러면 운반도 일일까? 헛일이다. 운반 일을 하지만 공장 내에서 운반은 손실기능이다. 고객의 부가가치는 없기 때문이다. 그러나 공장이 넓고 공정이 서로 떨어져있어서 하는 수 없이 운반을 하게 되지만 원가만이 늘어나 이익을 감소시킬 뿐이다. 중요한 것은 토요타와 같이 운반은 낭비라고 정의해야 개선이 가능해진다. 일이라 해서는 개선이 안 된다. 우선 개선의 대상으로 주목을 받지 못한다.

원가를 들여서 작업을 하지만 고객에게서 돈을 받지 못하는 낭비작업의 사례가 있다. 오노타이이치의 강의에서 얻은 내용이다. 목공회사들이 매우 큰 어려움에 처하자 그를 초청하여 지혜를 구했다.

이때 강의를 통해서 "이러니 적자지! 낭비 투성이의 작업을 하면서 이익을 어떻게 낼 수 있겠는가?"

그때 목공기업의 사장들은 "어떻게 하면 우리가 생존할 수 있겠습니까?" 하고 물었다.

이때 얘기한 것이 망치질하는 목수를 예를 들었다. 못을 박는 동작을 분석하면서 말이다. 목수가 못을 박기위해 "못을 잡는다. 그리고 못을 나무에 갖다 댄다. 마지막으로 망치를 위로 올려든다. 망치를 내리친다."

지금까지 일을 했는가, 헛일을 했는가? 라고 묻는다. 모두가 마지막 망치를 내리치는 동작만은 일이라 생각했다.

하지만 오노타이이치는 "지금까지 한 동작은 모두다 헛일이다"라고 말한다. 듣고 있던 사람들은 모두가 놀랐다. 그럼 못을 박는 사람의 동작이 모두가 노동이고 비용을 사용했는데 이것을 전부 헛일이라 하면 일은 뭐냐고 묻는다. 이때 오노타이이치는 이렇게 얘기했다. 못을 잡고 갖다 대는 동안 고객의 부가가치가 있었나요? 고객이 돈을 지불할 수 있는 가치 말이지요, 이것은 모두 여러분이 들이는 코스트로서 "돈이 드는 원가라는 영역"일 뿐이다. 고객의 벨류와 관계없이 여러분이 실력이 부족해서 들이는 비용을 고객이 지불할 이유는 없다. 그래서 적자를 내고 어려움을 겪는 것이다. 망치를 올리고 내리치는 동안까지 고객의 가치가 붙었나요? 생산의 단계에서 비용을 들이는 것(손실기능)을 모두 고객의 가치로 착각을 해서는 이익을 낼 수 없다는 사실이다. 고객의 가치가 아닌 코스트가 늘어났을 뿐이었다. 왜냐하면 시간이 계속 흐르며 인건비 등의 비용이 계속 들어가고 있으니까. 그런데 망치가 내려오면서 드디어 부가가치를 낼 때가 됐다. 딱 소리가 난다. 못의 머리에 망치가 맞으며 못이 박히게 된다. 드디어 고객의 밸류가 생겼다. 단 0.1초의 고객부가가치 시간을 위해 여러 동작의 노동을 하면서 원가만을 올리는 비용을 들인 것이다. 이 강의를 듣고 다들 0.1초도 안 되는 그 순간만 수기능인 일이고 나머지는 다 헛일이라는 사실에 다시 놀랐다. 이때 오노타이이치는 현장에는 이렇게 손실기능이 많은데 개선할 게 없다고 하는 게 말이 되냐고 혼을 내면서 끝냈다. 그때 듣고 있던 사람들이 대부분 그랬다고 한다. "오노타이이치의 이야기는 참으로 이해할 수가 없다. 그러면 못은 어떻게 박으란 말인가? 이게 다 헛일이라고 하지만 이 동작을 없앨 수도 없고 지금의 조건상 어쩔 수가 없는데 그게 헛일이라고 하면 어떻게 못을 박으란 말이냐, 말도 안 된다"는 분위기였다고 한다.

그런데 이때부터 낭비의 개념에 눈을 뜨며 엄청난 연구가 일어났다. 먼저 시작한 것은 비 부가가치의 작업에 대한 재 고찰이었다. 낭비라는 영역을 다시 들여다보게 된 것이다. 동작이 빠를수록 원가가 적게 드는 것을 알 수 있게 된다. 작업의 달인이 되면 더 빨리하여 상대적으로 고객의 부가가치 비중은 올라갈 수가 있다. 그러면 이제 코스트는 작아지고 고객가치 대비 노동비용이 적어지니 이익은 더 날 것이라는 결론을 얻는다. 달인들이라 해도 작업의 동작을 없앨 수는 없었다. 그런데 이것을 전문적으로 연구한 사람이 0.1초의 고객가치 중심으로 동작을 연구하면서 어떻게 하면 낭비동작을 없애고 못을 박을 수 있을까 연구하다 도입을 한 것이 타카이다. 물론 다른 부문에서 개발이 되어 쓰던 것이 목공업에 들어오면서 타카는 일명 오노타이이치 공구라고도 했다. 이것으로 목공업에 일대 작업의 혁명이 일어났다. 못을 박는 시간이 획기적으로 단축된 것이다. 극적인 개선은 극적인 환경과 필요성에서 만들어진다.

운반, 동작, 재고, 대기, 검사 등등이 손실기능인 낭비라는 인식이 중요하다. 개선은 바로 낭비적인 내용을 낭비라고 정의하는 것에서 시작하여야 함을 알 수 있다. 낭비가 아니라면 오히려 늘려서 적용해보면 명확해진다. 기업의 입장에서 정의하는 것이 아니라 고객의 관점에서 엄격한 판단이 필요한 것이 바로 낭비 즉 손실기능이었다.

1.10 토요타의 비상식적인 역발상 30가지

1) 부하에게 지혜가 없음을 한탄하지 말고 부하를 반드시 해야만 하는 목표를 부여하여 지혜를 끌어낸다. 이때 부하는 성장한다.
2) 모든 것을 부하에게 맡기고 부하와 함께 생각하고 해결한다.
3) 매뉴얼을 지키게 한다. 그리고 표준작업을 스스로 만들게 한다.
4) 숙달이 되면 편하게 될 것이라고 뒤로 미루지 마라. 불만을 참게 하지 말고 개선의 힌트로 활용한다.
5) 기계가 할 수 있는 일을 사람이 해서는 안 된다. 인간만이 할 수 있는 가치있는 일을 해야 한다.
6) 컴퓨터에 의한 "눈으로 보는 관리"를 하지 마라. 문제를 해결하기 위해 "눈으로 보이는 관리"를 해야 한다.
7) 파워포인트로 두터운 자료를 만들지 마라. 보고서는 최대 A3 한 장으로 마무리 한다.
8) 기업에서 가격을 결정하는 시대는 끝났다. 고객이 가격을 결정하는 시대이다.
9) 협력기업에서 제시하는 그대로 구매하지 않는다. 원가절감을 하도록 도와주고 그의 반을 나눈다.
10) 사람의 능력을 가미하지 않은 "산술적인 경영"이 아니라 사람의 능력을 플러스한 "용인술의 경영"으로 한다.
11) 검사를 엄격하게 하여 품질을 보증하는 시대는 끝났다. 공정에서 "자공정완결"로 품질을 높여서 검사를 없앤다.

12) 트러블이 났을 때 전과 동일하게 하지 말고 전보다 좋은 방법을 찾는다.
13) 목표는 우리보다 조금 높은 라이벌 기업으로는 곤란하다 반드시 목표는 세계 NO.1을 추구한다.
14) 무엇이든 빨리하면 좋다고 생각하지 마라. 준비를 철저히 하고 시작하면 맹스피드로 실행한다.
15) 개선은 자신들을 위해서 하는 것으로는 약하다. 개선은 고객을 위해서 해야 한다.
16) 효과가 나면 그것으로 끝내지 마라. 한번 시작하면 꾸준하게 계속하는 것이 이기는 길이다.
17) 소통이 위에서 아래로 일방통행은 곤란하다. 소통을 취하는 방법은 여러 방향성이 존재해야 한다.
18) 후 공정을 고려하지 않고 자신만의 일만 생각해서는 안 된다. 후 공정이 고객이라 생각하고 나의 일 이후를 생각한다.
19) 타부서에 대해 말하는 것을 월권이라 생각하지 마라, 타부서의 일이지만 잘못은 과감하게 지적하고 말하라.
20) 알겠다고 말하고 실행이 없어서는 안 된다. 알겠다고 하는 것은 실행한다는 것을 말한다.
21) 사고가 터지면 회의실에서 대책을 숙의하지 말고 사고가 터지면 책임자가 현장으로 직행한다.
22) 말 잘 듣는 부하를 육성하려 하지 말고 고집이 있더라도 자신을 능가할 부하를 키운다.
23) 무엇이든 평균치로 보지 마라. 개별마다 나누어서 분석하고 각각의 성장을 추구한다.

24) 도전하여 실패한 사람을 꾸짖지 않는다. 아이디어도 내지 않고 도전하지 않은 자를 꾸짖는다.

25) 지식을 사용하여 안되는 이유를 설명하지 않고 지식과 지혜를 사용하여 무리라고 하는 일에 도전한다.

26) 물건 만들기에서 불량이 나는 것은 어쩔 수 없다고 생각하지 마라. 불가능해도 "불량 제로"를 추구한다.

27) 개선하여 나쁘게 된다면 원위치하면 된다. 개선하여 나쁘게 되었다면 더욱 개선을 더한다.

28) 불황이 왔을 때 혁신을 해서는 늦다. 혁신은 호황일 때 시작하는 것이다.

29) 순서없이 개선을 하지 마라. 개선은 먼저 시스템을 만들고 우선순위를 정하고 추진한다.

30) 한 사람의 슈퍼스타에게 매달려서는 안된다. 한 사람 한 사람의 지혜를 성장기반으로 만든다.

B 토요타의 1등 성과를 내는 뿌리

▶ 매출 300조를 하는 토요타자동차의 본사 전경

2.1 물건 만들기는 사람 만들기

"판매대수와 매출규모 1위는 토요타가 추구해온 핵심가치가 아닙니다." 토요타가 2008년 리먼 쇼크 이후 적자와 리콜의 사태를 맞이하면서 신임 도요다 아키오 사장이 취임하며 선언한 일성이다. 안전과 품질이 최우선이었는데 이익을 늘리는 수단으로 지나치게 빠른 규모의 성장을 추구하며 품질의 문제를 간과한 것이다. 이때 그는 품질의 문제가 발생한 것을 "인재육성의 지연"으로 꼽았다. 세계화 과정에서 일본의 공장만큼 운영이 되도록 개선혼을 갖고 품질을 관리하는 리더의 양성이 규모 팽창의 속도보다 늦어졌다고 판단했다. 리콜이라는 최악의 문제가 터진 핵심요인으로 본 것이다. 토요타생산방식에 관심을 가진 한국의 자동차 부품을 만드는 S기업은 사원들의 교육에 가장 열성적인 중소기업에 속한다. 상장기업으로 대기업의 꿈을 지닌 S기업 박사장은 "우리회사는 이제 선순환을 탔습니다. 전원이 TPS 낭비제거와 혁신교육을 받았고 스스로 향상 교육에 참여할 정도로 교육의 맛과 중요성을 깨달아 가는 것 같습니다."라며 신입직원의 혁신교육장에 나타나 직접 대화도 하며 강조한다. 처음에는 쉽지 않았지만 이제 현장의 아주머니 사원들도 파워포인트로 프리젠테이션을 하며 개선의 성과 자랑을 할 정도로 분위기가 바뀌었고 개선이 일상화된 것이다. 대부분의 중소기업의 사장들은 사원들의 부족한 면을 탓하며 한숨을 쉰다. 그러나 인재육성에 집중한 그는 모든 사원들이 보배와 같이 여겨진다고 말한다. "현장의 품질 문제는 사람들의 생각과 의식의 문제"라고 단언을 한다. 토요타에서 제시하는 인재육성은 국가를 불문하고 통하고 있다. 역시 성공하는 기업 CEO의 인재육성에 대한 애정과 실천모습은 남달랐다.

첫째로 인재육성은 스스로 목표를 세우고 도전하게 하는데 있다.

목표가 있으면 그들은 끝없이 학습을 하게 된다는 것이다. 목표를 달성하는 수단을 찾게 되어있고 필요한 지식을 습득한다. 중요한 것은 스스로 목표를 세우게 하는데 있다. 물론 목표를 달성하기 위한 KPI는 최고 경영자가 설정한다. 그러나 역시 성공하는 기업에 가면 관리자들이 비전을 달성하기 위해 더 높은 목표를 세우고 몰입하며 도전을 하고 있는 것을 볼 수 있다. 최고 경영자는 교육이라는 형식으로 그들에게 자긍심을 높여준다. 비전이라는 길을 보여주며 자발적으로 경영자가 생각하는 것보다 높은 목표를 향해 달리게 한다. 이후에는 경영자는 그들에게 박수를 보내면 된다. 사장은 400억을 2017년 매출목표로 제시했지만 혁신사관학교 TPS교육을 받으며 혁신특공대로 양성된 관리자들은 더 높은 500억을 목표로 달리는 기업이 되었다.

둘째로 인재육성은 책임감을 갖도록 하는데 있다.

토요다생산방식을 만든 오노다이이치는 기법으로 끝나는 생산방식이 아닌 분명하게 책임을 갖도록 현장관리 시스템을 만든 것으로 유명하다. 현장의 낭비나 불량의 문제가 터지면 누가 잘못한 것인지 구분이 안 되는 경우가 많고 큰 문제가 책임전가의 대상이 되기도 한다. 하지만 토요다는 현장의 불량이나 관리의 문제를 누가 책임져야 하는지 분명하게 만든 것이 특징이다. 책임을 지는 사람이 바로 기업의 중요한 인재라는 사실이다. 인재육성은 목표를 달성하는 책임자를 양성하는데 있었다.

셋째로 인재육성은 실행력을 갖게 만드는데 중심을 둔다.

인재육성의 중심을 실행력에 두는 것은 큰 가치가 있다. 실행을 위해 지식을 붙이고 실행을 위해 학습이 필요하다고 보는 것이다. 지식이 쌓이면 실행을 하는 것이 아니라 실행을 위해 지식이 필요하다는 것. 따라서 실행력과 목표는 아주 중요한 관계가 있다. 목표가 불분명해서는 실행력을 기대할 수도 없고 실행할 수도 없다. 역시 잘나가는 기업의 CEO는 목표와 함께 존재하고 실행력을 통해 명성을 만들고 있었다. 혁신사관학교는 실행력의 증진을 위해 즉시 실천이라는 방법론을 현장에서 적용한다. 알고 있는 것을 바로 즉 실천하면서 개선의 성공 체험을 높이고 자신감을 갖게 하고 있다. 즉시 실행을 해야 하는데는 비밀이 숨겨져 있었다. 즉시하면 이때 돈을 쓸 여유가 없다. 즉시 지혜를 쓰면서 개선의 방법을 찾게 되고 당시에는 성과가 크게 나타나지는 않지만 반복을 하다보면 현장을 깊이 이해하게 된다. 궁극적으로 가야할 높은 도전의 목표를 자신감있게 설정하는 계기를 제공하게 되는 것도 알게 된다.

넷째로 인재의 평가는 지식이 아닌 성과로 한다.

학력이 좋고 지식이 많으면 성과를 많이 낼까? 결론은 "아니다"이다. 기업은 성과로 평가해야 하는 곳이다. 지식이 성과를 내는 것이 아니라 도전과 열정으로 실행하는 자들이 성과를 만들어

낸다. 따라서 과거의 학교에서 이룬 성과가 중심이 되는 학력에 의한 승진이 우선이 되면 안된다. 또한 말로 하는 발표가 아닌 현장에서 이룬 성과로 말하는 문화를 만드는 것이 중요하다. 지식이 높거나 학력이 높으면 높은 기대만으로 끝내야 한다. 실행을 통해 높은 성과를 낼 때 이에 상응하는 대우를 해주어야 한다. 당연히 높은 학력자가 높은 성과를 낼 것으로 알지만 그렇지 않은 경우가 허다하다. 이제는 학력의 시대가 아닌 성과로 말하는 능력의 시대이다. 기업에 입사를 하고 나면 먼 과거를 말하는 학력을 지워야 한다. 이때 모두가 성과를 만들기 위해 분발하게 된다. 세계적으로 1등의 사업분야를 지속적으로 만들고 있는 삼성전자는 20여 년 전부터 학력의 제한이 철폐되었다. 능력위주의 인사정책이 정착되면서 파벌이 사라졌고 명문대의 임원 비율도 25% 이하이고 오히려 지방대의 임원 비율이 매우 높은 특징을 알 수 있다. 토요타가 그러하듯이 삼성전자가 세계적인 성과를 내는 이면에는 학력이 아닌 성과를 내는 능력에 맞춘 인사정책이 있음을 간과해서는 안 된다.

다섯째로 인재육성이 경영 그 자체이다.

토요타 조후시오 회장은 언제나 강의때마다 "물건만들기가 사람만들기"이다. 물건을 만들되 이 과정에서 사람의 육성이 함께 해야 함을 강조하고 있는 것이다. "경영은 인재육성이다"라고 도요타생산방식을 지노하며 케논의 혁신을 이끈 일본 PEC의 야마다 소장은 단언을 한다. 오늘만이 아닌 내일이 있기 때문이다. 경영자의 목표와 생각을 소속원들과 나누고 그들이 경영자의 생각으로 실행을 하도록 만드는 활동이 중요하다. 리더는 앞서서 나가기에 부하들은 리더의 말이 아닌 등을 보고 성장을 한다는 말이 있다. 솔선수범의 중요성을 말한다. 새로운 기회를 만들고 새로운 생각을 하도록 만드는 교육을 불황일수록 강화해야 한다. 스프링을 압축하듯 호황에 튀어 오르는 도약을 여유가 있는 불황일 때 인재육성으로 준비해야 한다.

많은 기업들이 IMF 시기보다 어렵다고 아우성이다. 1,400조원을 훌쩍 넘긴 가계부채문제가 금리가 오르면서 아직은 오르고 있어서 외면하지만 부동산 폭락이라는 시한폭탄과 연결이 되어가고 있다. 그리고 미국의 금리가 지속적으로 오르며 한국에도 금리인상 압박이 가해져오고 있다. 또한 한국의 경제를 받치고 있던 수출 대기업들이 빠른 인건비상승으로 채산성이 악화되며 어려움을 예고하고 있고 미국·중국의 무역전쟁으로 수출환경은 악화되고 있다. 하지만 사람이 전부인 한국은 토요타에서 제시하는 바와 같이 창조적 인재육성이라는 새로운 광맥으로 어려움을 타개하여야 한다. 물건만들기는 사람만들기라는 사실을 다시 한 번 생각해본다.

2.2 1등의 생산성 체계를 만든 토요타생산방식

토요타생산방식은 독특함이 아닌 모방과 응용을 통해 토요타만의 독특한 생산방식으로 탄생이 되었다. 미국의 포드방식으로 말하는 컨베어벨트에 의한 대량생산 방식으로 낮은 원가를 실현하는데 맞서서 이기는 방식을 연구하게 된다. 바로 다품종 소량 생산방식으로 고객의 만족을 높이면서도 재고손실을 줄여 원가경쟁력을 만들어 낸 것이 핵심이다.

바로 생산방식에 낭비제거 철학과 디테일한 고객만족의 방법을 찾아내며 성공을 했다. 특히 독자적인 토요타만의 생산방식을 만들어내고 실질적으로 현장에서 실행이 되도록 책임을 다한 오노타이이치라는 인물이 있었다. 오너가 아닌 사람을 TPS창시자라고 밝히는 것은 토요타의 또 다른 매력이다. 전문 경영인으로 부사장까지 지낸 사람이지만 오노타이이치라는 인물이 해낸 업적으로 높이 인정하고 있다. 오노타이이치가 정립한 토요타 생산방식은 생산방식의 혁명이 아닌 낭비를 없애는 접근에서 시작이 되었다. 그는 1950년 당시 미국의 포드 대비 8배 이상의 생산성 차이가 나타나는 것은 낭비에 있음을 알았다. 모두가 가공중심의 개선에 집중하고 있을 때 오노타이이지는 손실기능인 낭비에 착목을 했다.

첫번째 TPS의 출발은 "대기와 감시의 낭비"였다.

당시 기계가공실 주임이었던 오노타이이치는 6개월에 걸쳐 대기와 감시의 낭비만을 줄이는 것으로 1인당 생산성을 8배 올리는 쾌거를 올렸다. 모두가 설비중심의 시간당 생산성에 관심을 기울일 때 오노다이이치는 사람의 가동률에 착목을 했다. 기계가 작업을 하는 동안에 사람이 감시를 하며 기계를 응시하는 것을 보고 이것을 "대기·감시의 낭비"로 정의하고 이를 제거하는 도전을 하여 성공을 한 것이다. 대기의 낭비를 없애는 과정에서 그는 기계와 작업자를 분리하는 새로운 발상을 하며 성과는 배가 된다.

여기서 토요타 방적을 설립한 도요다 사키치를 이해할 필요가 있다. 그는 자동방직기를 만들며 많은 발명을 한 일본 최고의 발명가이다. 그는 방적기계가 불량을 낼 것을 두려워 기계마다 감시원으로 사람이 1명씩 붙어야 하는 문제를 개선하기 위해 종실이 끊어지면 자동으로 정지하는 장치를 만들었다. 이때 인변붙는 자동화(自働化)의 철학을 만들게 되는데 불량이 나거나 문제가 있으면 기계가 스스로 인지하여 정지를 하게 만들었다. 이는 방적기계를 1인당 30~50대를 볼 수 있게 만들며 방직산업의 일대 혁명을 이루는 계기를 제공하였다.

기계가 정지하면 사람은 이때만 달려가 문제를 해결하도록 한 것이다. 불량을 내는지 사람이 기계를 감시하지 않고 별도로 움직일 수 있게 했다. 이는 기계가 실이 끊어지면 자동으로 서게 만들었기 때문에 가능했다. 이러한 사람의 관리 방식은 이후 오노타이이치로 연결이 되며 "대기와 감시의 낭비"라는 정의를 만드는 기본이 된 것이다. 오노타이이치는 점차 개선을 실행하면서 7대 낭비를 정의하고 이를 제거하는 노력을 하며 TPS라는 생산혁신의 TOOL을 확립하였다.

둘째로 TPS는 생산의 리드타임 단축을 중시한다.

모두가 가공 그 자체에 매달려 생산성을 올리는 생각을 하고 있을 때 토요타는 적기공급을 중시하는 체계를 만들고자 하였다. 공장 내에 많은 재공은 생산의 리드타임을 늘리는 원인이었다. 그리고 앞 공정에서 뒷 공정으로 밀어내는 PUSH 방식이라 뒷 공정에서 생산 속도가 늦어지면 재공이 많이 쌓였다.

이를 개선하기 위해 모방을 한 것이 미국에서 당시 유행한 슈퍼마켓이었다. 물건을 팔고나면 물건에 붙어있던 물건 명세서를 떼어내 창고에 전달하고 창고는 이를 바탕으로 매장에 출고를 하는 것을 보고 후공정에서 당기는 PULL방식으로 물류가 일어나는 간판방식을 만들었다.

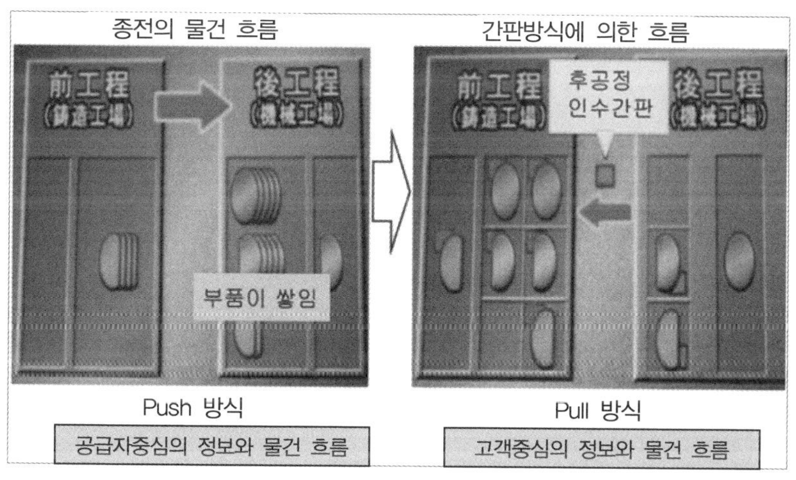

간판은 물건에 붙어있을 때는 물건의 명세서이지만 떨어지는 순간부터는 주문서나 후보충 생산지시서로 성격이 바뀐다. 두가

지 기능을 하도록 되어 있는 것이다. 따라서 사용하고 나면 떼어내서 전공정으로 생산지시서가 되기 때문에 별도의 생산지시가 필요없다. 후공정에서 사용한 만큼만 전공정으로 후 보충의 지시서가 되어 생산이 일어나므로 재고는 일정하게 유지가 되는 효과를 얻는다. 이는 토요타의 재고를 획기적으로 줄이는 결과를 가져왔고 간판방식은 토요타를 대표하는 경쟁력 있는 생산시스템의 하나로 알려지게 된다.

JUST IN TIME은 "고객이 필요한 물건을 필요한 때 필요한 양만큼 만들어서 공급한다"고 하는 철학을 가지고 있다. 이를 구체적으로 실현을 한 것이 간판시스템이다. 후 공정에서 슈퍼마켓과 같이 표준재고에서 물건을 가져가면서 물건의 명세서이기도 한 간판을 떼어 놓고 이 간판을 그대로 전공정에 보내면 이 간판이 생산지시서나 운반지시서가 된다. 이러한 원리를 바탕으로 간판은 JIT를 실질적으로 운영이 가능하도록 지원하는 도구가 되었다. 현장은 간판의 매수만큼만 움직이게 되어 있어서 절대 필요이상의 재고가 만들어지지 않도록 통제가 이루어지는 관리도구가 된다. 중요한 것은 토요타에서는 누구도 재고의 통제나 관리를 할 필요가 없게 되었다. 그런데 간판에 의해 정확하게 재고의 통제는 자동으로 일어나고 있다.

세째로 TPS는 인변 자동화와 JIT가 지속적으로 유지와 실행이 되도록 오노타이이치가 만든 생산시스템이다.

불량이 나지 않고 표준재고를 통해 물건을 공급하는 방법론으로 토요타만이 아닌 협력기업까지 적용을 하여 획기적인 원가절감으로 이익을 높이는데 역할을 하고 있다. TPS는 안돈시스템이나 간판시스템으로 현장이 관리가 되고 이를 실행하는 인재육성이란 단어가 접합이 되면서 기본 프레임이 완성이 되었다. 그러나 인재육성은 영원한 과제이기에 완성이란 표현을 할 수는 없다고 했다.

7대 낭비의 철저한 제거를 통해 이익을 극대화함

TPS는 "철저한 낭비제거 사상이며 낭비제거를 통해 이익을 높이는 시스템"으로 정의된다. 따라서 현장에 7대 낭비가 존재하는 한 TPS는 완성이 된 것이 아니다. 더더욱 아직도 낭비가 90%가 넘는다고 하기에 TPS는 겨우 10% 정도가 완성이 되었고 지속적인 노력으로 완성을 해달라는 말을 남긴 사람이 바로 TPS 창시자 오노타이이치이기도 하다.

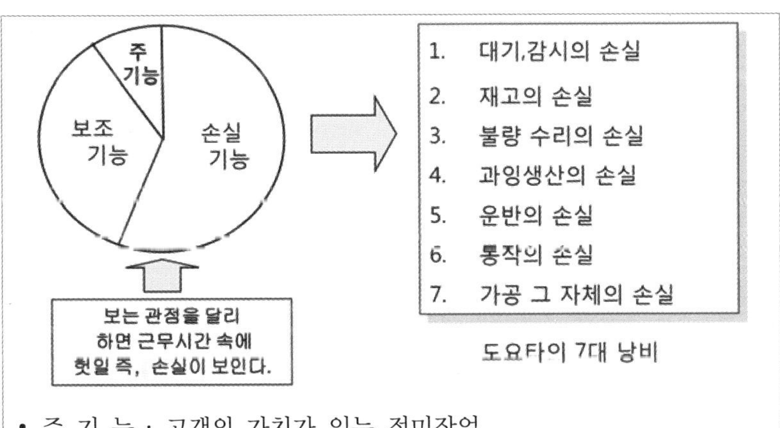

도요타의 7대 낭비

- 주 기 능 : 고객의 가치가 있는 정미작업
- 보조기능 : 지금의 조건 상황에서는 필요한 부수작업
- 손실기능 : 즉시 제거해야 할 낭비적 내용으로 원가만을 높이는 작업 (이익을 줄이는 요인)

누구나 TPS는 안다고 말한다. 아니 단어를 들은 것이다.

진정으로 실행하고 낭비를 제거하는 스피드를 가지고 있지 않는 한 TPS를 모르는 것이다. 안다고 하는 그것은 모든 문제를 돌파하며 낭비를 제거할 수 있고 최적으로 이익시스템을 만들었을 때 이해를 한다고 할 수 있다는 사실이다. TPS에서는 실행하여 원하는 이익의 성과를 낼 수 있는 능력이 있을 때 안다고 말하는 기준이 되어있다.

TPS를 새롭게 접근하고 새로운 물건만들기의 사상으로 발전을 시키는 첫번째는 기존의 TPS를 철저하게 이해하는 단계가 필요하다. 깊이 있는 지혜가 있고 사례가 많은 TPS를 먼저 습득하고 실행하다 보면 TPS는 참으로 많은 메시지를 함축하고 있음을 알게 된다. 사실 TPS는 "철저한 낭비제거 사상"으로 "이익을 극대화하는 TOOL"로 활용이 되고 있기에 처음의 개발자 의도 그대로 Total Profit System으로 이해를 해야 한다. 낭비에 눈을 뜨고 현장을 다시 보면 이익을 내는 근본을 깨닫게 된다.

하지만 최근에는 낭비제거만으로 성장의 확대가 멈추어가는 시장에서 한계에 다달았음을 깨달아야 한다. 과잉공급으로 물건이 넘치는 시대이기에 고객이 느끼는 매력이란 요소가 등장을 하고 있다. 토요타도 결국은 매력 있는 자동차를 만들지 못한다면 지속 성장은 보장 받지 못한다. 매력은 가격을 초월하게 만드는 요소이다. 독특함이 있으면 엄청나게 비싼 것이 매력이 되는 시대이다.

지금은 하이브리드 기술과 수소연료전지차로 압도적인 우위를 점하고 있지만 자동차 분야에 뒤늦게 참여한 테슬라와 중국, 유럽이 토요타의 아성을 피해 빠르게 축전기술을 앞세워 전기자동차로 흐르고 있다. 토요타도 세계 최고의 연구 개발비를 투입하며 새로운 4차 산업혁명의 시대에 5G통신을 활용하며 스마트시티, 모빌리티 회사로 앞선 변신을 서두르고 있다.

TPS = 自動化 + JIT + 인재육성

• 자동화 (품질)	:	안손시스템 Fool Proof시스템 라인스톱시스템
• JIT (재고·물류)	:	간판시스템 후공정인수후보충시스템
• 인재육성	:	운영의 책임자 개선맨 육성

2.3 이익의 원천을 낭비제거에서 찾은 토요타

"주문량이 20%정도 줄어들고 있어요." 청주에 있는 자동차 부품 기업의 사장이 걱정스런 얼굴로 던진 말이다. 이러한 시기에 새롭게 변화를 통하여 성과를 얻기 위해서는 시간이 많이 소요되고 조직과 기술면에서 어려움이 크다.

이때 위기를 넘기기 위해서는 우선 현재의 분야에서 생존을 위한 전략 마련이 매우 중요해졌다. 새로운 분야 진출보다는 단기적으로 이익을 확보하는 방법을 먼저 찾아야 한다.

여기서 토요타가 던져준 해답은 바로 현재 사업진행 과정 속에서의 낭비제거였다.

1950년 이후 2008년 한번 적자를 냈을 뿐 토요타가 68년 동안 흑자행진을 하는 기반을 만든 것이 바로 TPS에서 가장 중시하는 낭비제거다. 1970년대 두 번의 오일 쇼크에서도 높은 이익을 실현하며 세상을 놀라게 한 TPS의 창시자 오노타이이치는 낭비제거야 말로 이익을 얻는 핵심기술이라고도 했다.

오노타이이치 지시에 의거 조사가 됨 (1954년)

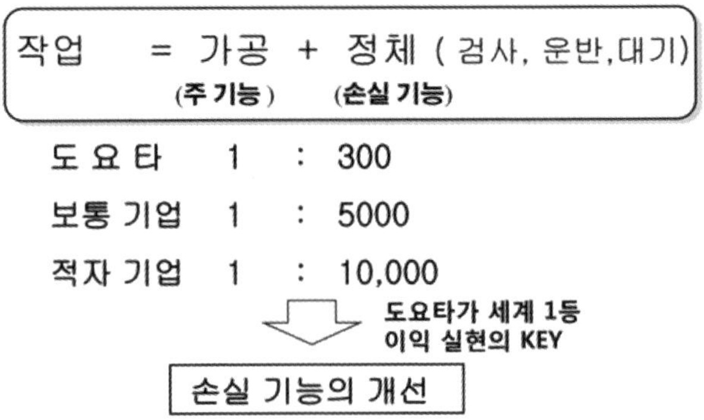

작업 = 가공 + 정체 (검사, 운반,대기)
(주 기능) (손실 기능)

도 요 타	1	:	300
보통 기업	1	:	5000
적자 기업	1	:	10,000

도요타가 세계 1등 이익 실현의 KEY

손실 기능의 개선

이유는 간단했다. 공장에서 주기능으로 말하는 고객가치 작업에 소요되는 시간이 1이라면 손실기능인 낭비시간의 비중은 300이라는 분석을 내놓은 것이다. 모두가 가공시간을 중심으로 개선을 생각하고 있을 때 반대로 낭비시간이 높은 비중을 차지하고 있음에 눈을 뜬 것이다. 이는 적중했다. 물량이 줄어드는 불황의 시기에도 이익을 유지하며 명성을 이어갈 수 있는 근간이 되었다. 최근 인건비가 비싼 미국에서 운동화를 제조하는 뉴발란스의 짐 데이비스 회장은 "제조현장의 효율성을 끌어올려 인건비로 인한 손실을 최소로 하여 경쟁력을 유지했다."고 말했다. 바로 토요타 생산방식을 도입하여 낭비를 최소로 하는 개선을 실시한 것이었다. 기업들이 낭비제거를 실행하여 큰 성과를 얻을 수 있는 방법이 있었던 것이다.

첫째로 재고의 낭비를 없애고 출하속도에 맞춘 생산을 해야 한다.

출하를 기준으로 생산을 하다보면 수량의 변화가 심하게 나타난다. 하지만 생산중심의 사고를 하는 기업은 생산성이나 효율이 먼저가 되므로 소품종대량의 생산에 미련을 갖게 된다. 당연히 창고에는 재고가 가득하게 된다. 이러한 대량생산의 방식으로는 이제 동남아와 같이 저렴한 인건비를 무기로 하는 국가를 이길 방법이 없어졌다. 우리가 생존할 수 있는 방식은 다품종 소량생산에 있다. 재고를 줄이고 고객의 다양한 취향의 주문에 맞추어 신속하게 기종 변화이 가능한 생산체제를 갖추는 것이 중요한 경쟁력이 되고 있다. 대량생산은 높은 효율이 있지만 대량의 재고 낭비를 함축하고 있다는 사실이다. 재고는 고객의 변화를 읽는 감각을 마비시키며 공장의 원가를 높이고 공간을 잡아먹는 제일 고약한 낭비이다. 재고를 많이 가진 회사의 가장 큰 문제는 불필요한 물건은 많지만 꼭 필요한 물건은 없어 고객에게 품절이라는 문제를 안겨주는 경우가 대부분이다. 불황이 다가올수록 재고감축은 최우선 과제가 되어야 한다. 처음에는 우선 재고 반감이라는 목표에 도전하면서 최종적으로 무재고를 달성한다는 각오가 중요하다.

둘째로 대기의 낭비를 제거한다.

대기는 사람과 설비로 나누어 생각을 할 수 있다. 기업 내에서 가장 큰 낭비는 사람의 대기낭비이다. 회사에서 시간을 보내는 것만으로는 일하는 것이 아니다. 오히려 원가만을 높여 회사를 곤경에 빠뜨릴 뿐이다. 케논의 복사기 생산 라인이나 코웨이 공기청전기 조립라인에서는 분업에 의한 콘베어 생산방식에서 1인이 전 과정을 소화하며 제품을 완성하도록 하는 셀 생산방식으로 전환하여 90%가 넘는 생산성 향상을 얻었다. 설비의 대기낭비를 줄이기 위해 가동율을 높이면 재고가 쌓이는 낭비가 발생한다. 그러나 사람은 다르다. 다능화 훈련을 통해 여러 작업으로 이동을 하며 성과를 만들 수 있기에 사람의 대기낭비를 줄이는 생산방식의 혁신도전이 빠르게 진전이 되고 있다. 설비의 비가동 낭비는 기종교체의 스킬을 향상시키는 노력으로 줄일 수 있다. 기종교체의 시간단축은 바로 재고의 감축으로 이어지는 효과가 있다. 케논은 생산부문에 적용하여 대기의 낭비를 줄인 셀 방식을 지금은 관리 부문에까지 확대 적용하여 노동시간 단축으로도 연결이 되고 있다. 8시간이 이제 기본 근무의 시간이 되어야 하는 시대도 끝이 나고 있다. 토요타는 이미 7시간 35분이 기본근무시간이 되었다. 생산성을 올린만큼 종업원에게 근무시간을 줄여 여유를 선사하는 것도 중요한 시대이다. 급여보다도 여유시간을 택하는 젊은이들이 늘었다

셋째로 사람의 품질을 높여 불량의 낭비 "0"에 도전한다.

불량은 기업의 경영을 멍들게 하고 고객까지 떠나게 만드는 악성낭비 요소이다. 이를 막기 위해서는 작업의 표준이 중요하다. 그러나 이보다 먼저 근본을 만들어야 하는 것이 있다. 사람의 품질관리이다. 사람의 기능이 부족하면 양품을 만들 수가 없다. 제품이나 설비의 품질수준은 사람의 품질수준으로 결정이 난다. 그들이 판단하며 품질을 만들기 때문이다. 따라서 현장은 사람의 마인드를 다잡는 책임의식과 스킬맵을 통한 스킬관리가 중요하다. 일본의 토요타에서는 월요일에서 목요일 저녁까지는 대부분 술을 마시지 않는다. 몸의 활력이 떨어져 다음날 작업에 힘이 들고 자칫 불량을 만들 우려가 있고 남에게 피해를 줄 수 있기 때문이란다. 사람의 기능만이 아닌 의식의 중요성이 엿보이는 부분이다. 필자는 불량에 대한 책임의식의 교육만으로도 불량이 반감되는 경험을 많이 했다. 자동차 부품을 생산하는 충주에 있는 태정기공의 경우 종업원의 의식혁신과 현장의 개선교육만으로도 불량이 반감되는 효과를 얻었다. 불황이 나가왔을 때 불량은 고객이 떠나는 치명적인 문제가 된다.

넷째로 품질검사의 낭비를 없앤다.

많은 기업의 현장은 이익을 내는데 한계점에 와있지만 검사야 말로 큰 낭비요소라는 것에는 눈을 뜨지 못한다. 검사는 없앨 수 있는 낭비요소 작업이다. 생산의 단계에서 품질을 확보하도록 하면 검사가 필요 없어진다. 검사는 사후에 비용을 투입하면서 실시하는 확인의 절차이다. 수입검사는 납품기업을 믿지 못할 때 필요한 것이다. 토요타는 모든 작업 속에 실수방지 기구를 넣어서 원천단계에서 불량을 막아 수입검사를 30년 전에 이미 없앴다. 당연히 협력기업에서도 출하검사를 하지 못하게 하여 품질수준을 높였고 세계적인 기업이 되었다. 작업 공정 속에서 품질을 확보하고 문제가 있으면 즉시 세워야 불량의 재현성이 있고 재발 방지의 효과도 커진다는 사실을 안 것이다. 토요타의 조립라인에서 모든 공구마다 공정의 진행시마다 작업순서와 작업개수, 볼트 조임의 정도를 통제해주는 트러블표시램프들이 많이 붙어있다. 램프의 색상과 점등으로 작업이 올바르게 진행이 되는지 상황을 작업자에게 알려준다. 작업자가 안심하고 작업이 가능하게 보조를 하고 있는 것이다. 또한 불량을 사전에 막기 위해 이제는 4M(사람, 기계, 재료, 방법)의 변화점을 관리하고 작업의 과정 속에 불량의 예지와 검지기능을 철저하게 넣어둔다. 이것을 실수방지기구라고 한다. 이러한 장치를 통해 사전에 불량이 나는 작업이 이루어지지 않게 하고 불량이 나면 자동으로 작업이 멈추어 불량이 뒷 공정으로 흘러가지 못하게 하는 것이다. 수입검사나 출하검사의 비용은 자재와 제품창고를 늘리며 제조비용의 5% 이상을 차지한다. 검사는 당연히 필요하다고 볼 것이 아니라 없앨 수 있는 낭비요소라는 사실에 눈을 떠야한다. 이러한 변화에 따라갈 수 없는 기업들은 점점 빠르게 불황에 노출이 되어가며 적자에 접근하고 있다.

기술이 필요한 가공의 작업개선도 중요하지만 이익을 얻기 위해서는 주기능과 손실기능 비중이 1:300이나 된다는 사실에 눈을 떠야 한다. 정미작업이라고 하는 주기능의 개선보다 300배나 높은 낭비요소 제거에 주력을 해야 한다. 토요타 생산시스템을 만든 오노타이이치가 낭비제거와 일부 개선으로 8배의 생산성을 올린 사실에 주목할 때다.

2.4 불황돌파의 지혜 현장경영 7계명

"기업은 돈으로 숨 쉬는 생명체이다" 기업은 적자를 내면 사회에 해를 끼치는 존재가 되어버린다. "우리 회사가 망한다면 누가 곤란할까?"라고 묻는다면 어떻게 대답을 하게 될까. 이때 고객 누구도 곤란함이 없고 단지 우리만 곤란하다면 존재의 가치를 다시 생각해보아야 한다. 고객 중심으로 변화를 하지 못하는 기업이 되어있다는 증거이기 때문이다. 따라서 기업이 지속 존재를 위해서는 현장에서 일하는 사람들이 일의 목적과 기업의 존재의미를 명확히 공유하고 있어야 한다. 고객을 위한 물건과 서비스를 만들고 고객접점을 이해하는 현장경영이 중요한 이유이다.

"큰 일을 하려면 근육을 쓰는 현장경영을 하라" 5겐주의(현장, 현물, 현실, 원리, 원칙)를 주창한 일본 토요타자동차 1차 벤더기업인 경삼전기의 전 고바다사장의 조언이다.

3현주의는 현장에서 현물을 보며 현실(지금 바로)로 확인하는 것을 뜻하지만 "2원주의"는 여기에 문제가 생긴 원인과 이를 확인함에 있어서 깊이 있게 파악이 가능하도록 원리를 이해하지 않으면 안된다는 주의다. 또한 경영자의 경영철학에 입각한 원칙을 현장에서 확인하는데 있다. 청년실업률이 치솟고 불황과 위기로 정의되고 있는 지금, 생존의 기회를 잡기 위해 가장 필요한 방법론은 창조적인 기술과 함께 현장의 근육을 만드는 바로 현장경영이 될 것이다.

왜 현장경영인가? 현장에는 3가지 즉 사람과 상품 그리고 고객이 생생하게 움직이는 곳이기 때문이다. 현장경영 활동은 여기에 경영자가 가지고 있는 경험과 정보를 고객접점에 즉시 접목하는 것이 가능해진다. 현장의 확인 없이는 지속적인 최적의 판단을 하기는 어렵다.

왜냐하면 현장에는 이론과 머리로 판단 가능한 내용과 확연하게 다른 현실이 존재한다. 힘든 경험을 통해 얻은 지혜가 있고 체계화를 거치지 않은 많은 노하우가 존재하기 때문이다. 따라서 현장경영은 아이디어 발굴에 필요한 고객 정보를 공짜로 얻을 수 있는 매력이 있다. 그래서 기업이 어려움에 처하면 현명한 CEO들이 먼저 달려가는 곳이 현장이 된 것이다. 공급 과잉의 시대에 공급자의 입장에서 효율만을 추구하던 것이 얼마나 허구적인가를 현장에서 고객을 만나보면 금방 알 수 있다. 현장은 다양한 고객의 모습을 읽고 대응하지 않으면 싸늘하게 떠난다는 것을 생생하게 보여준다. 그리고 다양한 이해관계자가 얽혀 CEO가 생각하는 방향과 다르게 전개가 되고 있는 문제도 알려준다. 고객만족과 무관하게 움직이는 현장은 이미 죽은 것이다. 따라서 현장경영이 중요한 이유이다. 현장경영의 대명사로 알려진 토요타에서 던져준 "현장경영 7계명"은 국가나 기업경영자에게 불황돌파의 지혜를 줄 것이다.

첫째로 현장인에 대한 배려를 최우선으로 하라. (배려)

현장에 나타나는 사장을 위해 의전을 준비하거나 미리 조작하게 해서는 현장경영은 끝이다. 사장을 대신해서 고객만족을 위해 노력하는 그들을 먼저 칭찬하고 격려해야 한다. 잘하는 점을 칭찬하는 동안에 그들은 사장이 무엇을 바라는지 스스로 알게 된다. 현장에 나타난 사장으로부터 위로를 받고 악수하는 그것으로도 그들은 사기가 오른다. 고객만족을 향한 현장인의 신속한 문제 해결이 현장경영의 꽃이다.

둘째로 고객의 관점에서 현장의 사실을 관찰하라. (고객관점)

고객은 상품이나 서비스에 돈을 지불하는 사람이다. 따라서 상품의 가치와 거품을 구분할 줄 안다. 그들은 냉정하게 경쟁사의 서비스와 상품을 우리와 비교하여 약점도 이미 알고 있다. 불황은 고객이 떠난 결과임에 눈을 떠야 한다. 그들이 바라는 것이 달라졌다는 신호이다. 고객의 시선과 관점을 몸으로 느끼고 이해하는 것이 현장경영의 큰 목적이다.

셋째로 고객의 감성을 읽어내는 인재를 현장에 배치하라. (감성인재)

토요타의 영업은 "우리는 자동차를 팔지 않습니다. 고객에게서 자동차에 기대하는 가치를 알아내고 이를 제품 개발 부문에 정보로 제공하는 것이 가장 중요한 일입니다." 이를 통해 고객은 제공되는 서비스와 함께 기분 좋게 자동차를 구입하게 된다고 했다. 고객에게 팔려고 노력하는 것이 아니라 그들과의 대화속에서 기분 좋아하는 가치요소를 찾아내고 끝없이 개발 부문에 통보하며 소통한다. 고객의 변화와 요구는 제품의 개발 단계에서 반영이 되어야 효과가 크다. 자동차 판매도 바로 고객에게 기분 좋은 서비스 제공의 일환이다. 결국 고객의 마음을 읽어내는 "감성 있는 인재"를 확보하는 것이 중요한 이유이다. 물건만 파는 영업사원은 지속적인 부가가치가 낮다.

넷째로 현장에 가서 확인하고 실행에 집중하라. (실행 확인)

현장은 다양한 조합으로 구성이 되어있다. 따라서 실행과정에서 생각하지 못한 문제가 일어난다. 3현주의를 기본으로 문제의 발생 원리를 이해하도록 노력하고 해결을 위한 원칙을 준비한다. 분명 현장에 가보면 인간적인 감정이나 자존심 때문에 얽혀있는 문제가 더 많다. 현장의 중심에는 사람이 있고 그들이 실행을 해야 하기에 만나야 한다. 실행만이 성과를 만든다.

다섯째로 CEO의 꿈을 현장에서 직접 전파하라. (꿈의 공유)

경영의 신이라 칭하던 마쓰시타 고노쓰케는 관리자 이상의 교육이 있을 때는 반드시 나타나 1시간이라도 대화를 하거나 강연을 했다. 관리자는 중간 허리역할을 하며 CEO의 꿈을 전달하는 역할을 하기 때문에 되도록 이면 생생하게 자신의 경영이념과 꿈을 이해하도록 하는데 노력을 했다. 그 결과 하나가 되어 어려움을 빠르게 극복하고 세계적인 기업을 만들 수 있었다.

여섯째로 현장경영을 통해 지식을 지혜로 만들어라. (지혜)

"지식 × 체험 = 지혜"로 정의를 한다. 기업에서 지식만으로는 가치를 내기가 어렵다. 혼다자동차의 창립자 혼다쇼이치로, 파나소닉 창업주 마쓰시타고노스케, 현대 창업주인 고 정주영 회장 모두 학력이나 지식이 높은 사람들이 아니다. 모두가 현장경영을 중시했고 현장에서 몸으로 체득한 지혜가 쌓여 훌륭한 경영자가 되었다. 지혜는 현장에서 만들어진다. 지혜가 가치를 만드는 원천이었다.

▶ 현장은 고객이 원하는 물건이 있고 정보가 있고 실행할 사람이 있다.

일곱째 도전에서 나타난 실패의 책임은 모두 CEO가 뒤집어써라. (책임)

현장경영을 실천을 하면서 성과는 부하에게 돌리고 실패의 책임을 최고 경영자가 지는 것은 아주 중요하다. 현장에서 그들에게 책임을 돌리는 경영자는 존경을 받지 못한다. 현장은 도전이 사라지고 책임을 미루고 안주하는 분위기가 팽배해진다. 고객만족을 위한 도전과 열정이 없는 현장을 가장 경계해야 한다. 도전이 없는 기업의 미래는 없다.

불황은 고객과 우리기업이 멀어지고 있다는 증거이기에 경영이 어려운 이유도 명확하다. 고객에게 가치가 없는 기업이 되어있기 때문이다. 이제 매력있는 기업으로 고객의 시선을 받고 싶다면 경영자가 현장에서 "현장경영 7계명"을 실천하며 경영을 재정립하는 것이 우선일 것이다.

2.5 토요타 계열기업 기후차체의 강한 현장 만들기

기후차체는 토요타 완성자동차를 생산하는 기업이다. 하이에이스 승합차를 주로 생산하지만 2016년부터는 크기가 기존의 차체 대비 두배 이상 큰 코스타(중형버스)도 동일한 라인에서 생산하고 있다. 기존 하루 80대의 생산에서 20%정도의 공장 면적 증가로 2교대로 320대까지 생산대수도 늘었다. 근본적인 개혁을 통해 라인의 흐름을 종에서 일부구간 횡으로 바꾸었다. 이것은 자동차 생산에서 유래가 없는 도전으로 공장의 여유 공간이 없기에 나온 획기적인 흐름방식이다. 오히려 완성차 공정에서는 10%정도의 여유공간을 만들어 내며 경쟁력을 갖추었다. 그들은 시대의 변화에 맞춘 생존방법을 여러 가지로 강구하고 있었다.

(1) 시대변화에 앞서 준비하는 현장의 기반 재구축

오랜기간 일본 최고의 이익으로 명성을 얻어오다가 2008년 신뢰 추락을 경험하고 다시 일어선 토요타 그룹은 최근에 와서 다시 위기감으로 가득하다.

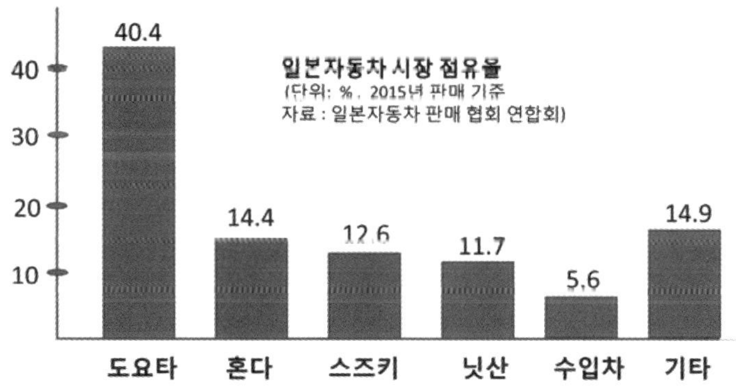

5G의 통신서비스의 세상이 다가오며 자율주행차의 개발과 수소연료전지차로 승부수를 띄우느라 늦어진 전기자동차의 추격이 필요하고 4차 산업혁명의 파도가 덮쳤기 때문이다.

하지만 지금 당장 생존의 경쟁력을 떠받치는 것은 제조현장이기에 현장의 생존경쟁력을 만드는 효율을 높이는 개선은 가장 중요한 이슈이다.

요즈음은 일본기업은 전반적으로 구인난의 문제가 커지고 있다. 대안으로 외국노동자를 늘리고 정년을 연장하거나 60세가 넘은 연금생활자를 쓰는 일이 많아졌다. 이들은 시간당 900엔이면 가능하다. 정부에서 지원금이 있어 실제로는 1,100엔 정도의 소득을 올린다. 그 이상의 소득이 있으면 연금이 줄어든다. 분명히 작업의 질이 떨어지지만 기업으로서 생존을 위해 어쩔 수 없는 선택을 하고 있는 것이다. 이미 기후차체의 현장개선은 생산성이 아니라 "하루 5시간정도 일하는 파트타임이나 60세가 넘은 연금생활자의 투입으로도 품질과 효율에 이상이 없도록 하는 라인구축"에 열을 올리고 있다. 사무실의 누구라도 작업할 수 있음은 물론이고 외국인도 즉시 작업이 가능한 구조의 현장 만들기가 중요한 개선의 방향이 되고 있다. 이것은 미래를 보며 이익추구만이 아닌 제조업으로서 생존을 위한 배수의 진이다.

현장의 효율을 높이기 위한 방침을 살펴보면,

첫째, 간단한 작업지시로 누구나 작업이 가능한 현장으로 바꾼다.

물건을 잡아 JIG 위에 고정하고 스위치를 누르면 간단하게 작업이 되고 잘못 놓을 때도 기계가 센서로 감지를 하여 휴먼 에러로 인한 불량이 나지 않도록 한다. 고령 인력들도 안전하게 작업이 가능한 현장을 만드는 것이다.

둘째, 모델이 자주 바뀌므로 센서형태의 IoT장치를 부착하여 스위치 하나로 지그가 작동하며 자동으로 모델 교체조건이 갖추어지도록 하고 올바른 작업이 되는지 기구물들이 스스로 확인하고 램프등으로 결과 상황을 표시하게 한다.

JIG가 바뀔 때에는 색상을 맞추어 작업준비도 간단하게 누구나 가능하도록 한다. 이것은 품질의 보증을 하는 핵심장치이기도 하다.

셋째, 외국인도 저항감 없이 작업이 가능한 현장을 만드는 것이다.

현장의 운영 매뉴얼을 그림으로 표현하여 언어상에서 잘못 전달될 수 있는 여지를 없앤다. 작업의 순서와 작업요령을 그림으로 표시하고 불량의 방지방법과 문제가 발생했을 때 해결하는 단계를 도표로 쉽게 표현하여 안전의 확보와 불량품이 고객에게 나가는 것을 방지하는 활동을 하고 있다.

현장에서 문제가 발생하면 기후차체의 3원칙이 있다. "(1) 기계를 세운다. (2) 상황을 관리자와 책임자에게 알린다. (3) 책임자의 지시를 기다린다." 이것은 현장에서 불량의 방지와 안전준수의 기본조건이 된다.

단순한 개선활동 같지만 기후차체의 현장혁신은 누구나 작업이 가능한 현장만들기와 2PPM 이내의 완벽한 품질확보시스템을 구축하였다. 인력 부족으로 외국인을 활용해야 하거나 고령자와 함께 해야 하는 시기에 어떻게 미래를 준비해야 하는지 방법을 보여주고 있다.

(2) 문제의 재발 방지를 위한 관리자의 역할

현장의 문제를 개선하는 데는 '3현주의'에 철저해야 한다. 문제가 발생한 현장에서 현물을 보면서 현상을 파악하는 것을 말한다. 이 때 왜, 왜… 5번을 반복하는 5Why를 통해 진짜 원인을 추구해 나가야 한다. 문제점을 개선하기 위해 반드시 실행하는 순서가 있다.

첫째로, 3현주의를 먼저 지키는 것은 필수이며, 둘째로, 5Why를 통해 진짜 원인을 명확히 한 후에, 셋째로, 개선을 실시하는 단계를 거친다.

문제가 나타나면 진짜원인을 밝혀내지 않고 현상에 매달려 개선하는 것은 다음의 재발방지에 취약점을 갖는다. 문제발생에 이르는 과정을 알 수가 없기 때문이다. 문제를 해결하는 것 못지 않게 재발을 막는 활동이 중요하다. 처음 접하는 문제는 내재된 문제를 알려 주는 중요한 단서이자 관계자들이 공부를 하는 재료를 제공해 준다.

기후차체에서는 관리자가 문제를 해결하는 과정에서 작업자에게 책임을 전가하는 것은 철저히 금지한다. 우선 작업자에게 문제점이 일어날 수 있는 상황과 대응의 방법을 가르쳐 주지 않은 관리자의 책임이 크기 때문이다. 가르쳤다고 끝이 아니라 그들이 해낼 수 있고 이해를 하여 다시는 문제가 일어나지 않을 때 관리자는 역할을 다한 것으로 본다.

그들은 관리자에게 다음의 3가지를 항상 실행하도록 하는 책임을 주고 있다.

첫째, 누구나 동일하게 이해를 할 수 있는 규칙과 표준을 만들도록 한다.

실행하는 부하가 그대로 하면 되도록 만드는 것이 중요하다. 그대로는 실행할 수 없는 경우라든지 그대로 했는데 문제가 일어난다면 관리자가 표준을 잘못 만든 것이다.

둘째, 작업자가 문제를 일으키지 않도록 표준을 자세히 이해를 시켜야 한다.

이때 자신이 직접 해보이면서 이해를 시킬 때 진정으로 빠르게 따라 온다. 이때 작업자의 기능을 확인하고 작업을 제대로 할 수 있는 수준까지 끌어올리는 인내가 요구된다.

셋째, 주기적인 확인을 해야한다.

이것을 하지 않고 부하에게 맡기는 관리자가 많다. 맡긴다고 하는 것은 관리자의 수준에서 생각할 수 있는 사람이 되었을 때 만 가능한 것이다. 토요타에서 확인은 못 믿기 때문에 하는 것이 아니라 "부하를 관리자의 수준으로 끌어올리는 평가활동이고 관리자의 눈높이로 만들기 위한 교육과정"이라고 정의하고 있다.

부하가 가지고 있는 낮은 수준의 상태에 맡기는 것은 방치이다. 기후차체에서 관리자는 현장과 부하에 대해서 최종적인 책임을 지는 자세를 가지게 하고 있다.

▶▶ 기후차체 : 안전제일. 압도적 5S직장

(3) 자사만의 혁신방법을 만들고 실행한다.

기후차체의 생산방식은 토요타 자동차의 생산시스템에서 가져왔다. 처음에 자기 회사에 그대로 적용하기 위해 노력하는 과정에서 너무 많은 실패를 겪었다. 따라서 자사에 맞게 접목을 하며 GPS가 탄생을 했다.

GPS는 TPS에 인재육성이라는 기능을 추가하면서 기후차체에 접목이 가능해졌다. 모든 것은 인재가 좌우를 하겠지만 특히 GPS에서는 결정적인 역할을 했다.

인재육성은 혁신을 추진해 나갈 리더를 만드는 것으로 정의를 했다. 그리고 혁신리더에게는 필요한 조건을 설정하고 그것을 충족시키는 인재를 만드는 노력을 했다. 바로 1등의 목표를 세우고 이를 달성하는 전략을 세우게 했다. 그리고 모든 관리자는 TPS

의 기본을 가르치고 5년에 걸쳐 5~8명 단위로 6개월씩 혁신추진팀에 소속을 시켜 많은 테마를 주고 이의 해결을 통해 GPS를 수행하는 능력을 갖도록 훈련을 하고 있다.

(4) 철저한 설비 내제화를 추진한다.

기후차체 사장은 어느 해 모델변경이 있을 때 설비를 절대로 외부에 주문하지 말라는 지시를 했다. 설비를 발주내어 제작에 들어가야 하는 상황이지만 내부에서는 아직 설비제작능력을 갖추지 않은 상태라서 망설이고 있었다.

사장의 의지가 워낙 강해 결국 내제화를 해야만 했다. 역시 초기 설비는 엉성하고 작동이 잘 되지는 못했다. 생산을 하면서 설비를 수정해 나가는 방법밖에 없었고 초기에 내제화 정책은 너무 많은 시행착오를 겪어 모두 실패라고 인정할 정도였다. 외부에서 구입하는 것보다 오히려 비용이 더 들었고 기능도 떨어졌다.

그런데도 또 다음해 마이너 모델 교체가 있을 때에도 사장으로부터 같은 지시를 받았다. 모두 실패를 했는데 똑 같은 실패를 하라고 하는 것과 같다면서 투덜거렸다. 설비담당들은 하는 수 없이 모두가 실패를 줄이기 위해 노력을 하여 전보다는 아주 훌륭한 설비를 결국 만들어냈다. 가격면에 있어서도 처음에는 외주보다 비싼 비용이 투입된 설비로 만들었지만 두 번째부터는 거의 같은 값에 만들 수 있었다. 3년째부터는 당연히 내제화가 당연시되며 조직도 구성이 되었고 이제는 외주보다는 30% 이상 싸게 만들었다. 그리고 5년이 지난 이후부터는 외부 구입가격을 기준할 때 1/3 가격으로 만들 수 있는 기술력이 확보되었다. 이 정책은 불황에서 진가를 발휘했다.

이후 당연히 내제화는 중요한 경쟁력을 확보하는 수단이 되었고 이제는 설비로 인한 고정비의 문제를 훌륭하게 해결하는 능력을 갖는 방법이 되었다. 적은 설비 투자 덕에 고정비의 걱정이 없어 설비가동을 위해 생산을 하지는 않아도 된다.

내제화의 가장 좋은 장점은 유지관리의 편리성이다. 고장수리와 대응을 스스로 할 수 있어서 매우 빠르고 변화의 촉진에 큰 도움이 되고 있다.

지금은 이 설비전문부문이 협력사로 독립을 하여 설비전문업체로 발전되어 있다. 가장 큰 장점이 이제는 설비업체에 끌려다니지 않고 자체적으로 견적을 낼 수 있게 되었고 외주를 주더라도 부품 정도만 내주게 되어 설비의 가격주도권을 가지게 되었다는 사실이다.

설비내제화는 이와 같이 처음에는 어려움을 겪는다. 우리는 부품생산기업이지 설비를 만드는 회사가 아니라고 하면서 설비 만드는 것은 낭비로 보는 경우가 허다하다. 대부분 불황에 허덕이는 기업을 보면 그런 사고로 무장되어 있다. 그러나 여기서 조금 사고를 바꿀 필요가 있는 것은 이익이 없으면 생존이 안 되는 곳이 기업이라는 사실이고 호황의 논리로만 기업을 운영해서는 안 된다. 현장을 보면 설비의 대부분이 관리자가 자체 제작을 한 것이기 때문에 미려하지는 않다. 그러나 기후차체는 그 설비에서 나오는 제품이 2ppm 수준이라고 자랑을 한다. 더구나 외국인을 활용하면서도 품질이 유지되는 것은 설비가 단순하기 때문이라고 자랑한다.

설비는 이익을 올리는 수단이 되어야 한다. 고객이 줄어 가는데도 비싼 설비를 갖춘 죄로 생산을 하면서 가동률을 올려야 하는 기업은 불행해진다. 깨끗하고 고성능의 설비보다는 이익을 내주고 불황에도 우리의 일자리를 지켜줄 수 있는 설비가 소중한 것이다.

고정비 "0"에 도전하는 토요타 본사는 물론 계열그룹에서 설비 내제화는 생존전략으로 중요한 위치를 점하고 있다. 중국, 동남아 같이 낮은 인건비를 무기로 한 제조업의 도전에 맞서기 위해서는 제조설비의 기술을 내부에 보유하여 원가를 줄이는 것이 중요함을 간파한 것이다.

(5) 수주 물량에 맞춘 한정량의 생산을 추구

이제까지는 코스트를 줄이기 위해서 생산량을 늘리는 방식을 택해왔다. 고정비가 같다면 생산량을 늘릴 때 코스트가 줄어든다. 이러한 생산량 목표주의는 곤란하다. 이제는 수주량이 중요하다. 수주받은 만큼만 생산하면 잔량은 없다. 생산량은 납기에 맞춘 생산을 해야 한다. 수주량이 많으면 당연히 원가는 떨어진다. 그런데 팔릴 수량만을 생산하면서 낮은 원가로 만들려고 하니 비용을 낮추는 개선이 필요해지는 것이다.

지금까지 우리 머릿속을 지배해온 대량으로 만들어 싸게 한다고 하는 사고는 버려야 한다. 고도성장시대가 아니다. 이제는 생산량의 증대를 통한 저코스트 실현 방법은 끝이 났다.

재고에서는 절대로 이익이 나오지 않는다. 재고를 가지고 이익이 난 것처럼 착각을 해서는 곤란하다. 팔렸을 때 처음으로 이익이 나는 것이다. 재고를 이익으로 환산해서는 곤란하다. 일본 전자부품기업 KOA는 재고금액을 적자금액으로 계정한 것은 좋은 교훈이다. 비싼 설비를 도입할 경우 설비를 세우면 비용이 오른다. 따라서 대부분의 기업이 가동률을 높이는 데 전력을 다한다. 비싼 설비를 들여놓고 가동률을 높이기 위해 잔뜩 만들어 놓으면 언젠가는 팔릴 것이라 생각을 하고 더 많이 생산을 하면 원가가 떨어지는 것으로 착각을 하기 때문이다.

고객이 없어서 재고가 된 물건은 싼 원가도 의미가 없다. 경영에 부담만 될 뿐이다.

기계는 이미 투자를 한 것이므로 비싸다 하더라도 고객이 없을 경우에 세우는 것이 좋다. 그래야 재료와 전기, 재고 등에서 발생하는 추가적인 비용 증가를 막을 수 있다.

고객에게 필요한 만큼만 생산할 때 돈이 쌓이지 기계의 가동률에 매여서 생산을 해야 한다면 부채가 되는 재고만 쌓인다.

진정으로 돈을 벌고 품절을 막으려면 고객에게 필요한 속도에 맞춘 생산의 속도와 기종의 변환 속도를 높여 다양한 물건을 공급할 수 있는 체계 만들기가 우선이다.

이것은 투자의 단계에서 핵심적으로 고려가 되어야 하는 중요한 Point가 된다. 토요타가 점점 강해지는 것은 바로 이 부분이었다.

재고를 갖는 이유는 다양하다. 결근자가 많다. 기계고장이 많다. 품질문제 외주의 불안정 등등 여러 가지 이유로 재고를 갖는 것이다. 이래서는 개선이 안 된다.

사장과 관리자는 현장의 변화를 시작함에 있어서 “작업에 문제가 있거나 불량이 나면 세워라." Loss는 '내 책임이다'라고 선언해야 개선이 시작된다. 누가 개선의 책임자로서 역할을 해야 하는지 분명히 해야 하는 것이다. 문제를 해결하기 위해서는 문제를 드러나게 해야 되고 그 문제에 대한 책임을 분명히 하는 것이 중요하다. 안심치의 재고를 갖는 것을 허용해서는 안 된다. 재고는 개선의 Needs를 없애는 최고의 방해자가 되기 때문이다.

고객이 원하는 수주량에 맞춘 한정량의 생산이 이루어질 때 Loss가 가장 적다. 또한 이것을 진정으로 추구할 때 문제가 명확하게 나타나고 이를 해결하는 개선이야말로 돈이 된다.

(6) 개선대상인 문제를 명확히 파악한다.

생산현장의 이상현상은 4가지로 나눌 수가 있다.

첫째로 제품의 불량이나 안전사고, 둘째로 설비고장, 셋째로 과잉생산으로 인한 재고 증가, 넷째로 물건의 결품이다.

이러한 이상현상 중심의 관리와 필요한 급소를 개선하면 효과적으로 빠른 성과를 올릴 수 있다. 재고가 꼭 필요한 경우도 있다.

첫째로, 생산의 양이 편차가 심할 경우 재고를 가지지 않고는 품절을 피하기 어렵기 때문이다.

둘째로, 시스템이 나쁜 경우이다. 생산기술 부서에서 설비운영 중심으로 생각하여 비싼 기계라고 필요 이상으로 돌려 재공이 발생하게 되는 경우다.

JPEC의 야마다 선생의 지도현장의 사례이다. 제논에서 5억 원의 기계를 전용기계로 만들어 도입을 했다. 비싼 기계이므로 가동율을 높이는 바람에 대량의 재고가 발생하였다. 개선은 간단하였다. 하나씩 소량을 흘리는 작은 기계로 만들었는데 투자비는 대당 5백만 원이었다. 여러종류 기계를 만들었지만 생산량의 속도에 맞춘 다양한 제품의 생산을 하도록 했다. 결과는 대성공이이었다. 재고가 사라진 것은 물론이다. 이는 투자 단계에서부터 생산방식에 대한 연구와 생산량이 감소했을 때의 대응방안을 사전에 고려한다면 좋은 성과를 얻을 수 있는 사례가 된다. 비싼 투자를 했거나 대량으로만 만드는 설비는 생산량을 줄여야 하는 불황이 왔을 때 불용재고의 비율이 급격히 늘어난다. 당연히 돈이 회전이 안 되기 때문에 어려움을 겪는 것이다.

불황과 호황은 반반이라는 사실을 알아야 한다. 50%의 호황에만 대응하고 50%의 불황을 잊어버린 설비투자방식으로는 길게 생존할 수 없다. 경쟁사가 갑자기 지진이나 화재로 생산을 할 수 없는 운이 좋은 시기를 제외하고는 생존이 보장되지 않는다. 기업 경영은 실력이 아닌 운에 의지해서는 지속 생존이 어렵다. 불황은 변화대응의 준비 없는 기업에 닥치는 재난이었다.

2.6 부가가치는 사람에게 붙여라

일반적으로 부가가치는 물건에만 붙이는 것으로 알고 있다.

원재료를 싸게 사서 부가가치를 붙여서 제품을 만든다. 저기능에서 점점 고기능, 고성능으로 계속 부가가치를 붙여서 가격을 올려 받는다.

그러나 어느 순간 한계에 부딪힌다. 소비자가 선택하는 제품 기준에서 벗어나기 때문이다. 소비자는 공급자의 높은 부가가치에는 관심이 없기 때문이다. 소비자는 진정으로 그들의 마음을 이해하고 만들어진 물건과 사고 싶은 기능의 물선 이외에는 관심이 없다.

따라서 생산자로서는 높은 부가가치를 붙였지만 재고로 남거나, 가격파괴로 가격이 무너져 버리면 부가가치란 아무런 의미를 갖지 못하게 된다.

이제는 고객이 요구하지 않는 기능을 붙여 가격을 올리는 것은 고객에 대한 기만행위로 보아야 한다. 고객에게 필요한 기능과 품질로 제공하는 것이 필요하다. 이러한 사고는 사람에게 부가가치를 붙여 나가지 않으면 안 된다는 전략이 수립되었을 때 이해할 수 있게 된다. 중국, 일본, 한국에서 만든 제품이 모두 모양이 같고 성능이 똑같이 표기되었다 해도 소비자는 같은 돈을 지불하지 않을 것이다. 일본 제품은 비싸도 사고 중국제품은 싼 것이 당연하다고 여겨진다. 이것은 무엇을 말하는 것일까?

바로 장인정신으로 무장하고 사람에게 부가가치를 높게 붙여온 결과로 해석해야할 것이다. 일본이라고 설비가 그렇게 앞서는 것은 아니다. 오히려 중국보다 낮은 기능과 노후된 설비로 만드는 경우도 많다. 그러나 일본제품은 믿고 구입하지만 중국제품은 특별히 싸지 않으면 선택하지 않는 것은 국가의 수준을 말하는 사람의 부가가치로 설명할 수 있는 것이다. 선진국가일수록 훈련을 통해 우수한 품질을 만들어낼 능력을 갖고 있는 인력이 많기 때문이다.

고객을 위한 진정한 부가가치를 높이는 것은 기업에 존재하는 낭비요소를 제거하는 데 있고, 구성원의 교육훈련을 통한 Level-up에서 얻을 수 있다. 그런데, 인간의 부가가치란 하루아침에 붙지 않는다.

인간은 능력을 배양하고 훈련하는 데 시간이 필요하다. 어느 날 갑자기 초등학생을 대학생으로 만들 수 없는 것과 같다.

오노타이이치 부사장은 물건에 기능을 자꾸 추가하여 가격을 올림으로써 부가가치를 높이는 것을 경계하였다. 부가가치를 사람에게 붙이지 않고는 기업이 생존할 수 없다는 것을 인식할 필요가 있다는 것이었다.

최근에 생산현장을 돌아보면 염려하는 상황이 그대로 일어나고 있다. 신입 작업자나 6년 된 고참 작업자나 똑같이 라인에서 유사한 일을 하고 있다. 6년이 된 사원이 전혀 불량을 내고 있지 않는 것은 아니다. 약간의 차이는 있겠지만 신입 작업자도 고참 작업자도 불량을 내고 있는 것이다.

지금까지 분업을 통한 대량생산의 기본 사고로 말할 수 있는 표준화, 단순화, 전문화는 우리의 생산성 향상에 크게 기여한 것은 사실이지만, 이젠 그것을 벗어날 수가 없어 문제가 되고 있다.

기계와 물건만이 아닌 인간도 똑같이 표준화, 단순화, 전문화의 대상이 되어 왔기에 6년이 지나도 나사를 죄거나 납땜만 하고 있다. 1년 정도면 익히는 작업을 반복해서 6년을 근무했지만 사람의 부가가치는 단지 1년에 해당할 뿐인 것이다. 따라서 1년 된 사원과 6년 된 사원의 차이가 없는 것이다. 쉽게 표현해서 1학년 과정만 6년간 수료하면 6학년이 될 수 없는 것과 같다.

이런 제도의 근본적인 큰 문제는 다른 공정의 일을 모르고, 관심이 없으며 배우려 하지도 않는 분위기로 가기 쉽다는 것이다.

또한, 사람에게 기능의 부가가치가 증가되지 않기 때문에 인건비는 계속 오르지만 그에 상응하는 작업의 부가가치는 얻을 수 없다. 그러다 보니 저개발국가의 추격에 꼼짝없이 당하고 마는 신세가 되는 것이다. 작업자의 수준이 그들과 크게 다를 것이 없기 때문이다.

이제 3만 달러의 선진국의 대열에 들어선 한국은 일자리의 유지를 위해서라도 사람에게 부가가치를 붙이는 것이 시대적인 요구임을 알아야 한다. 작업자의 능력이 오른 만큼 다양한 작업이 가능토록 해야 하고 생산기종이 늘고 단위 생산량이 줄었을 때 함께 해당 공정에 배치할 사람이 줄어도 작업이 순조롭게 되도록 해야 한다. 이것은 다기능화 제도를 통해 사전에 준비해야 한다.

현장의 작업자에게 부가가치를 붙여 성공한 것으로 대표적인 예는 도요다 그룹에서 후공정에서 검사를 안해도 믿을 수 있는 작업자를 만든 것이다. 작업자에게는 검사의 기능, 작업의 기능, 설비 보전 기능은 물론 선후공정의 작업을 할 줄 아는 기능 등의 부가가치가 붙여져 있으므로 적은 인력으로 높은 생산성을 얻는다. 토요타의 능력급은 다능화의 수준으로 평가한다. 기능수준에 맞게 많은 급여를 주어도 기업은 이익을 얻는다. 많은 사람, 인해전술이 필요한 기업의 제품으로는 이제 일자리를 만들어 낼 수가 없다.

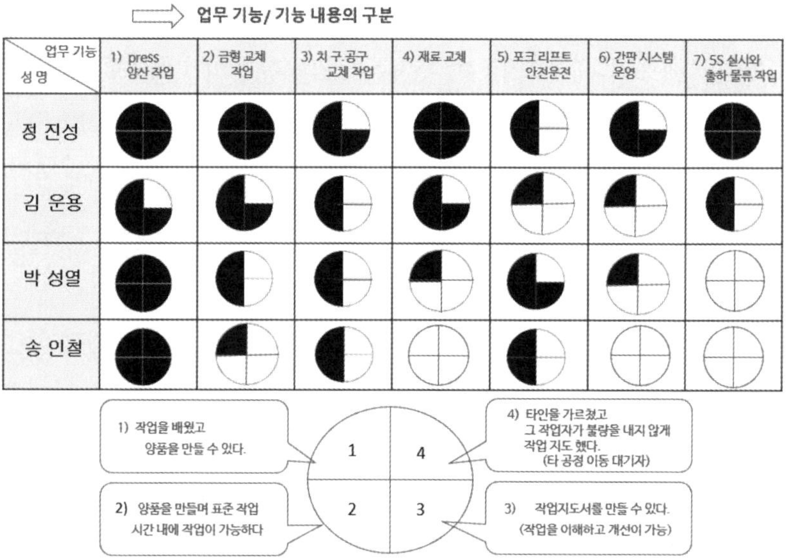

⇨ 업무 기능/ 기능 내용의 구분

업무 기능 / 성명	1) press 양산 작업	2) 금형 교체 작업	3) 치 구.공구 교체 작업	4) 재료 교체	5) 포크 리프트 안전운전	6) 간판 시스템 운영	7) 5S 실시와 출하 물류 작업
정 진성	●	●	◕	●	◑	◕	●
김 운용	◕	◕	◑	◕	◔	◔	◑
박 성열	●	◑	◑	◔	◕	◔	○
송 인철	●	◔	◑	○	◑	○	○

1) 작업을 배웠고 양품을 만들 수 있다.
2) 양품을 만들며 표준 작업 시간 내에 작업이 가능하다
3) 작업지도서를 만들 수 있다. (작업을 이해하고 개선이 가능)
4) 타인을 가르쳤고 그 작업자가 불량을 내지 않게 작업 지도 했다. (타 공정 이동 대기자)

▶▶ 사람마다 다기능을 통해 능력급의 기초로 활용하며 상호 도움과 휴가 가능

인해전술로 해야 하고 다양한 제품을 소량으로 만들 수 없는 정도의 기능을 보유한 수준이면 과감히 동남아로 넘겨야 한다. 돈이 되지 않는 사업을 계속할 수는 없다. 이미 인건비 수준이 오른 상태에서 우리의 일거리가 아니다.

2.7 토요타의 개선활동 전개시 마음가짐 10개조

토요타생산방식을 배우면서 가장먼저 숙지를 해야 하는 내용이었다. 토요타의 지혜가 담긴 내용이다. 첫 번째로 작업자에 대한 중요성을 강조하는 것과 마지막에서 개선은 무한하고 개선이 끝난 지금 가장 나쁘다고 이야기하는 점이 대단하다. 한국 기업의 현실에 맞는 문장으로 만들어 회의실이나 현장에 게시하고 리더가 어려운 판단을 해야 하는 순간 함께 읽어 보면 지혜가 생기게 됨을 알게 될 것이다.

1. 작업자에 대한 배려를 중요하게 여길 것
2. 자사만의 독자적인 연구를 가미할 것
3. 곤란에 빠지지 않으면 지혜는 없다.
4. 돈들이지 마라 지혜를 내라. 지혜가 없으면 땀을 쏟을 것
5. 핑계를 대지 말 것, 걱정을 앞세우지 말 것.
6. 퍼펙트를 노리지 말 것, 60점이라도 좋으니 바로 시행 할 것.
7. 불가능한 설명보다 가능한 방법을 생각할 것
8. 부가가치 없는 움직임을 부가가치 있는 일로 바꿀 것
9. 시간은 동작의 그림자이다. 낭비적인 동작 뒤엔 시간의 낭비가 뒤따른다.
10. 개선은 무한하다. 지금의 방법이 가장 나쁘다고 생각하라.

C TPS를 활용한 변화와 혁신

トヨタ生産方式が日本を救う

デフレの今だからこそ学ぶ
高収益企業トヨタの儲け方

▶ 특집 : 토요타생산방식이 일본을 구한다.

3.1 경영자는 1등 목표에 대한 신념이 있어야

기업은 커뮤니케이션 인프라를 만드는 것은 매우 중요하다. 왜 물건을 만들고 왜 일하는지 이유를 공유하는 것에서 시작이다. 이러한 핵심적인 인식의 인프라가 깔리지 않은 상태인 기업의 현장에서 나온 사례이다. 시키는 대로 열심히 하면 된다고 생각하는 현장에서 심한 경우 이런 불만이 나온다. "작년에는 1,000개 했는데요. 올해 1,200개 하라는 것은 노동 강화입니다"라고 말한다. 문제는 판가의 하락에 있었다. 전년도에는 1,000개를 만들어도 이익을 냈다. 지금은 1,200개를 해야 겨우 이익을 내는 수준이었다. 노동 강화가 문제가 아니다. 일거리가 없어질 수도 있었다. 그때 현장에서의 설득은 "1,200개를 만드는 노동강화가 문제가 아니라 지금은 1,200개 하지 않으면 안됩니다. 만약 1,200개를 몸으로만 피곤하게 더 빨리 속도를 높여서 해야 한다면 노동강화가 맞습니다. 노동 강화를 말하기 전에 이 일을 빼서 베트남이나 중국으로 보내야 합니다. 그럼 우리의 할 일은 무엇인가요?" 그 일을 없애든지 계속하려면 지혜를 써서 개선하여 노동강화 없이도 1,200개를 만들면서 이익을 내는 방법을 찾아야 한다. 이러한 자세가 중요한 것이다. 개선은 생존원가를 달성하는데 있다. 8배라는 목표에 도전했을 때 오노타이이치는 성공했다. 그로 인해 오노타이이치는 기계가공공장의 공장장이 되었고 이후 능력을 인정받으며 TPS의 창시자로서 부사장까지 올랐다.

경영자에게 필요한 것이 있다. 바로 목표를 갖는 것이다. 목표는 반드시 1등을 갖는 것이 중요하다. S전자의 부사장이 TPS연수에 참가를 했다. 그는 이렇게 질문했다.

내가 경영자인데 "토요타의 부사장급이 되면 제조현장에서 어떤 방식으로 개선을 리드하고 다닐까요? 내가 TPS를 도입했을 때 어떤 역할을 해야 할지 잘 모르겠어요. 부사장으로서 오노타이이치는 현장을 어떤 방식으로 지도를 했는지 사례가 있으면 이야기를 해 주세요"

여기에 답하는 사례이다. 그분은 항상 이렇게 물었다. 오노부사장이 현장에 갔을 때 질문거리가 명확했다. 최고의 경쟁력을 갖는 현장을 만드는 과정에서 오노타이이치는 현장의 관리자 앞에 가면 이렇게 묻는다.

"이 목표는 세계 1등인가요?"

그리고 당연히 1등의 목표를 세우게 했다 목표는 부서마다 반드시 붙여놓게 되어 있었다. "목표가 세계 1등인가?"라고 물으면 세계 1등을 알아두어야 했다. 우리가 2등인지, 3등인지 그리고 앞서기 위해 우리가 해야만 하는 목표로 세계 1등의 상태를 조사해야 했다. 그리고 지금 세계 1등은 이정도이고 우리는 이렇게 해서 세계 1등의 목표를 달성하겠다는 "해야만 하는 목표"로서 실행 계획을 발표해야 한다.

그런데 2류 기업은 자신들이 "할 수 있는 목표"를 수립한다. "전년보다 생산성을 30% 향상시키겠다" 이것은 토요타에서는 통하는 목표가 아니다. 왜? 작년보다 50% 60% 생산성을 높인다 하더라도 2등, 3등이면 망한다는 생각이다. "우리가 할 수 있는 수준의 목표는 아무런 가치가 없는 목표"라는 생각을 한다. 왜 망하는 게 목표입니까? 오노타이이치는 꼭 물었습니다. 삼성이 1등을 하는 이면에는 1등의 목표를 가장 중요한 핵심가치로 두고 있기 때문이다. 그래서 경영자가 1등의 기업을 만들기 위해서는 항상 "얼마나 도전하면 1등이 되는가?" 질문하는 것이다.

"세계 1등과 2등은 이렇고 우리 현장은 이정도 수준으로 실행되어 가고 있습니다. 반드시 1등을 하기 위해 이것을 하고 있습니다."를 들었다.

왜 세계 1등이 필요한가? 그렇지 않으면 생존이 안 되는 시대이기 때문이다. 이러한 도전을 계속하면서 토요타가 그러하듯이 삼성은 결국 세계 1등이 되었다. 엘지전자 창원공장도 똑같았다. 사업부장님들이 연수에 참가 했다. 그분도 똑같이 내가 할 일이 저거였구나 하고 간 것이 바로 1등 정신이었다. 1등 정신의 DNA를 전 조직에 심어나가는 것이 경영자의 중요한 역할이다.

3.2 변화를 지속하는 시스템을 만들어야

우지케 고지는 “기업의 변화는 사람의 변화”라고 했다.

강한 회사는 시대의 변화에 앞서서 자신을 바꾸려고 하는 사원들이 함께 하는 기업이다. 그러나 약한 기업은 “지금까지의 방법대로 하는 것이 좋다”고 생각하며 안주하는 사원이 많은 곳이다.

그래서 강한 회사를 만들기 위해서는 관리자의 의식이 중요한 것이다.

변화는 어떻게 해서든 경쟁우위를 달성하겠다고 하는 전사적인 열의와 노력이 존재할 때 시작이 된다. 나이가 많아지면 대개가 잘나가던 시절 빛나는 과거를 가지고 무용담으로 들려주는 비중이 많아진다.

“이 회사의 설립초기에 있었던 일이지만 건물을 지을 때 수없이 밤을 세웠지. 회장님과 막걸리 마시면서 철근을 직접 메고 날랐지. 야, 진짜 추운 겨울에 말이지… 어쩌구 저쩌구……” 끝이 없다.

관리자에게 중요한 것은 과거가 아니다. 관리자는 미래를 준비하는 사람이지 과거의 찬란한 성과나 현재의 일에 너무 매달려서는 안 된다. 기업의 미래가 없어지기 때문이다. 미래를 위한 변화를 추구하는 것은 관리자의 중요한 임무이며 조건이 된다.

그러면 어떻게 변화를 지속시킬 것인가? 3가지로 요약이 된다.

첫째로, 고객의 변화에 민감하게 반응하는 변화 추구 실행조직을 만드는 것이다.

이것은 소비자를 대상으로 많은 제품을 개발하는 기업에 잘 발달되어 있다. 3개월 단위로 철저하게 고객의 Needs 변화와 경쟁사의 동향을 살펴나가는 것이 중요하다. 이때 영업부서에서 조사해서 내놓는 자료만으로는 부족하다. 영업은 물론이고 설계와 디자인 그리고 품질과 생산을 담당하는 부문에서도 함께 참여하여 고객의 소리를 직접 듣는 것이 핵심이다. 이때 고객이 요구하는 내용의 깊은 곳까지 읽을 수 있는 역량을 높여주기 때문이다.

대개의 경우 영업은 기술적인 지식이 부족한 경우가 많아 고객과 깊이 있게 대화가 안되어 단편적인 내용에 집중이 되기 쉽다. 그러나 해당분야의 전문가가 함께 하면 기능의 응용과 확장성을 확보하는 데 큰 도움이 된다.

이러한 조직적인 활동을 통해 사원들이 고객의 선택기준 변화에 민감하게 반응해야 하는 것의 중요성을 깨달아야 한다. 이를 통해 변화를 주도하는 인재로 성장을 하게 된다.

둘째, 변화가 시스템적으로 일어나도록 만든다.

토요타의 계열사에서 현장순시에 들어간 사장의 뒤를 필자가 따라다니며 그들의 현장관리는 어떻게 하는지 알 수 있는 기회가 있었다. 중요한 것은 변화를 어떻게 지속적으로 유도를 하는가에 맞추었다.

사장은 임원 둘을 데리고 현장을 향했다. 물론 여러 가지 목적으로 돌아보는 경우도 있지만 그날은 현장개선이 지속적으로 일어나도록 해놓은 시스템을 소개하겠다고 하였다.

매우 흥미를 가지고 동행하여 보았다. 현장에 들어서자마자 향한 곳은 공장의 레이아웃과 공정도가 그려진 현황판이었다. 공정별로 라인을 세운 횟수와 릴리프를 부른 횟수를 표시하는 카운터가 부착이 되어 있었다.

라인에서 작업자가 감독자를 부르기 위해 스위치를 누르거나 줄스위치를 당기면 안돈(Andon)에 불이 들어오고 그 밑에 위치한 현황판의 카운터가 작동하며 숫자가 올라간다. 이것은 바로 공장 전체를 둘러보지 않고도 생산성 향상을 막는 Neck공정을 알 수 있게 해주고 이곳을 집중적으로 관리하는 방법을 보여 주고 있었다.

연결되어진 라인의 Process상에서 Neck공정을 개선하면 생산성은 오른다. 전체 공정 중에 흐름을 지체시키는 Neck공정은 하나밖에 없다. 따라서 토요타는 하나의 Neck공정을 집중 개선하는 노력을 한다.

토요타는 문제없이 라인이 흐르면 개선을 할 수 없는 라인으로 보고 최악이라 생각한다. 그들은 어느 공정에서 세우게 될 때까지 속도를 계속적으로 높여 나간다.

그러면 반드시 가장 많은 시간이 소요되는 공정의 작업자가 세우게 되어 있다. 이것이 Neck공정을 간단하게 찾는 요령이다. 그들은 언제나 Neck공정을 알 수 있도록 시스템이 되어있는 것이다.

물론 작업자의 입장에서는 노동의 강화라는 반론이 있을 수 있다. 그러나 토요타는 그러한 문제는 제기되지 않는다. 왜냐하면 작업자에게는 자기만의 속도로 일하는 것만을 요구하지 더 빠르게 작업을 하도록 노동강화를 강요하지 않기 때문이다. 오히려 라인에서 작업을 하는 모두가 평등하게 모두가 일을 하는 방법이 된다.

안돈(Andon)장치

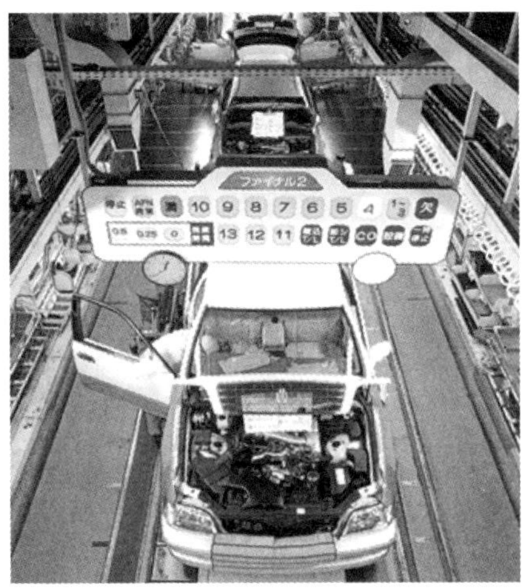

▶ 라인의 Neck공정을 알 수 있고 그 때마다 현재의 라인 가동상태를 알려준다.

작업자는 품질을 책임지고 있기 때문에 품질을 자기공정에서 확보를 하지 않으면 안 된다. 뒤에는 검사가 없다. 따라서 작업자는 품질의 문제나 부품을 조립하는 작업이 늦으면 세우면 된다. 라인속도를 올렸다고 작업속도를 올릴 필요는 없다. 그것은 작업자의 권리이다. 그러나 세운 것을 즉시 도와주며 개선해 나가는 것이 관리자의 임무이다. 관리자는 어떻게 하면 작업자가 편하게 작업시간 내에 일을 마치도록 할 것인가 방법을 제시하고 어제보다 높은 생산성을 얻기 위해 매일 개선을 한다.

Neck공정이 된 부분을 개선하면 곧 바로 성과로 연결이 된다. 따라서 사장도 그곳에 집중하여 관리하고 그곳을 개선할 때만 가치가 있다고 강조를 하고 다닌다.

개선활동은 어느날 급여가 오르면 해야 하는 것이 아니라 매일같이 일어나야 한다. 개선활동이 일자리를 지키는 보루였다. 어제와 같은 현장을 오늘도 유지한다면 내일은 직장이 사라질 것이다.

셋째, 변화를 중요하게 평가를 한다.

경영자는 변화의 필요성을 절감할 것이다. 그리고 현장의 작업자도 대부분이 변화를 갈망한다. 변화는 창조력을 갖는다. 사업의 변화, 상품의 변화, 가격의 변화, 생산방법의 변화, 물류방법의 변화, 조직의 변화 등등 모두가 유지를 위한 것이 아니다. 변화에는 핵심이 빠져서는 안 된다. 바로 고객이다. 고객의 변화가 기업의 변화를 요구한다는 사실이다. 따라서 변화를 멈추는 것은 기업으로서 사망이다.

하지만 변화는 이제까지 구축해 온 명성을 뒤로 하고 새로운 단계로 변화하면서 기득권을 포기하도록 만들기 때문에 변화를 방해하는 층이 반드시 생긴다.

조직은 평가 때문에 움직이는 경우가 대부분이다. 평가가 없는 조직은 절대 기득권을 유지하며 세력을 펼쳐 나간다. 따라서 변화와 혁신을 절대적인 중요한 평가요소로 만들어 기득권을 스스로 포기하게 하는 것도 필요하다.

반복적으로 변화에 훈련된 조직은 창조적이 되고 고객의 요구를 잘 수용하는 유연한 조직과 기업을 만들어내게 된다.

3.3 현장에서부터 일하는 기본을 갖춘다.

"기본을 지켜라.", "마누라 자식 빼고 모든 것을 다 바꾸어라." 어려움에 처하면 많이 듣게 되는 말이다. 어찌 생각해보면 혼돈이 올 수도 있다. 변하지 말고 지키라는 의미의 기본으로 돌아가라는 말과 모든 것을 바꾸라는 둘을 함께 쓰기 때문이다. 이 말은 잘나가는 기업일수록 더 많이 듣게 된다. 더더욱 "초심으로 돌아가라"는 말도 한다. 단순하지만 생존의 기본이라는 것을 그들은 깨달은 것이다. 최근에 대부분의 기업들이 어려움에 빠져들고 있다. 재빨리 기본으로 돌아가 지금의 사업을 다시 점검해 보고 바꾸어야 할 상황이 되었음에 눈떠야 한다. 최근에 일본 경영자들과 함께 일본 기후현에 위치한 중소기업에서 겪은 일이다. 60여 명의 종업원이 350억 원 정도의 매출과 8% 수준의 이익을 올리는 자동차용 볼트를 생산하는 기업에서 1박2일간의 즉 실천을 경험했다. 토요타자동차에 납입을 하는 기업의 현장답지 않게 너무나 평이한 구호인 "기본의 준수와 제조 혁신"을 걸어 놓았고 "고객의 클레임은 신의 목소리"라고 적혀있었다. 언제나 그러하듯 잘 못하니까 걸어 놓은 것이겠지 생각하며 둘러보는 가운데 현장의 조장이 자신들의 현장이 매일같이 생산성 향상의 개선이 얼마나 이루어지고 있는지 소개를 했다 그리고 개선을 통해 자신들이 주인의식을 갖게 된다고 하는 설명에서 깜짝 놀라 많은 메모를 하게 되었다. 역시 지속적으로 하락하는 판매가격을 이겨야 하는 어려운 환경에서 생존의 몸부림이기는 하지만 높은 이익을 실현하면서 일자리를 지키는 그들이 존경스러웠다. 그러면서 우리 한국의 기업들이 알고는 있지만 실행에서 놓치고 있는 몇 가지 현장에서의 기본과 변화의 중요성을 2일간 현장개선 실습을 하며 몸으로 깨닫게 되었다.

첫번째 기본은 "보고와 연락과 상담"을 잘해야 한다는 것

고객의 요구에 100% 대응을 잘하기 위해 책임자인 상사에게 보고하는 것은 하나의 의무이다. 보고는 일의 진척을 상사의 기준으로 평가하고 알 수 있게 하는 수단이지만 연락은 함께 일하는 동료와 부하에게서 협력을 얻는 동기가 되고 또한 배려라는 것이다. 그리고 상담은 타인의 지혜를 빌려 문제를 해결하는 방법으로써 가장 큰 힘이 된다는 것이다. 그래서인지 일이 잘되는 이유 중 기본이 되는 상호소통의 분위기가 잘 조성이 되어 있었다. 보고에도 3원칙을 정하고 있었다. "즉시 보고하고, 사실을 보고하며, 자신이 생각하는 해결방안의 제시"를 함께하는 것이다.

둘째 기본은 모든 일은 납기를 정하고 하라는 것이다.

일은 시간이라는 기준을 가지고 전개가 된다. 따라서 여유가 중요하다. 이러한 여유를 만들기 위해 리더들은 아침에 일찍 출근하는 것을 정하고 있있다. 그 가치는 매우 컸다. 사전에 점검을 하고 계획을 세워서 일을 하니 일이 신속하게 마무리가 되고 예상외의 일이 터져도 여유시간을 만들있기에 덜 당황하고 스트레스를 적게 받는다. 납기 시간을 정해 놓고 일을 하기에 동료와 상사의 협력도 얻을 수 있다.

매일 조금씩이지만 여유 있는 시간을 만들고 활용이 중요하다.

개선의 연구나 자기학습의 시간으로 연결이 되어 어느 기업에도 지지 않는 강한 현장이 되었다. 모랄 훈련에서 함께 외친 "오늘할 일은 오늘, 지금 할 일은 지금"이 구호로 그치지 않고 실질적으로 실행이 되고 있었다.

셋째 기본은 일의 지시를 올바르게 받고 반드시 보고한다.

현장은 혼자서 일하는 곳이 아니다. 상호연계가 되어있고 흐름이 있다. 공정마다의 납기가 있고 진행방법에 룰이 있다. 따라서 전체를 보는 리더의 지시를 바르게 이해하고 실행을 해야 한다. 지시사항을 이행하면서 기본자세는 상사의 관점에서 사물을 보는 것이 중요하다. 지시를 받으면 결과에 대한 보고를 해야 종결이 된다. 보고의 방법도 자세하게 정하고 있다. 상사의 질문 전에 보고를 준비하고 관심이 큰 것을 상세하게 보고하고 관심이 낮은 것은 간단하고 짧게 한다. 크게 느끼게 해준 내용이 있었다. "잘못된 것은 즉시 반드시 보고"를 한다고 하는 원칙이었다.

넷째 기본은 현장을 고객이 방문하였을 때 고객이 보는 눈으로 5S를 실행하는 것이다.

정리, 정돈, 청소, 청결, 바른 습관화를 뜻하는 5S는 기업현장의 영원한 숙제이다.

따라서 많은 기업의 현장에 붙어있는 구호가 바로 5S이다. 현장의 흐트러짐은 바로 현장에 있는 사람들 마음의 흐트러짐으로 보면 틀림이 없다. 협력기업 입장에서 고객인 토요타자동차가 만족을 하는 이유가 바로 여기에 있었다. 5S는 현장의 무리한 작업, 불균형, 낭비요소를 줄여서 일하기 좋은 직장을 만드는 기본이기도 하다. 완성품 스토어와 자재 냉장고로 구분이 되어 작업현장에는 재공재고가 거의 없었다. 역시 5S의 진행이 잘되고 유지가 되는 기업은 생산성이 높고 고객의 인정도 받는다는 것을 알 수 있다. 그들이 강조하는 5S의 내용 중에 가장 와 닿은 내용은 "바른 습관화" 부분에서 관리자의 솔선수범을 강조하는 부분이었다. 현장은 고객을 만족시키는 최전선으로 고객에게 문제가 되는 내용에 대해 "타협을 하지 마라, 포기하지 마라, 조금이라도 문제가 있으면 즉시 개선하라"는 것이다.

다섯번째 기본은 빠른 변화의 시대, 기업에 맞는 혁신방법을 만드는 것이다.

농경사회의 생산의 3요소는 자본, 노동 그리고 토지였다. 이후 산업사회가 되며 토지는 기술로 변화가 되고 정보를 거쳐 생산의 3요소 중 지식이 핵심이 되는 지식사회로 변화를 하였다. 이러한 변화의 파도는 쓰나미 같아서 약한 기업을 쓸어가고 있다. 기업의 생존의 기본이 변화한 것이다. 높은 기술로 물건만 잘 만들면 돈을 버는 시대가 아니다. 시대에 맞지 않는 제품이나 낡은 기술을 고집해서는 고객은 떠난다. 경영상태가 어려운 기업들이 연구개발(R&D)을 제대로 할 수는 없지만 이 업종간 협업이나 융합의 방법으로라도 새로운 변화를 만들어야 한다. 이른바 오픈 이노베이션을 실행해야 하는 것이다. 우선은 종업원을 활용하는 것이다. 모두가 학습을 통해 경쟁력 있는 인재로 변신하도록 도와주고 둘은 고객들을 우리 기업의 혁신자원으로 연결하는 것이다.

고객이 제안하게 하고 우리의 고객을 혁신에 참여하도록 연결시키는 것을 말한다. 마지막으로 필요한 부문에 대해 외부전문가를 적극적으로 활용하는 네트워을 만들어 나가는 것이다. 이것이 경영자원이 부족하여 연구개발을 할 수 없는 기업의 새로운 R&D 대안이다.

현장의 기본을 인식하고 모두가 생존을 위해 강한 현장을 만들 수 있게 준비하는 발상의 전환이 필요한 시기이다.

3.4 답은 현장에 있다 현장경영의 5득

지식은 책과 머리로 얻지만 지혜는 실행현장에서 몸과 마음으로 얻는다. "알고 있다고 생각하지만 모르고 있는 것이 현장"이란 말이 토요타의 생산현장 곳곳에서 본적이 있다. 현장을 이해하는 노력을 촉구하는 문구이다. 잘나가는 기업을 보면 한결같이 "현장형 CEO"들이 현장경영을 실행하고 있는데 다음과 같이 현장경영에는 5가지 득(得)이 있었다.

첫째로 현장경영은 올바른 의사결정과 실행의 스피드를 높여준다. (Speed)

현장은 수많은 아이디어가 융합이 되고 흩어지는 곳이다. 최고경영자의 생각이 내동댕이쳐있기도 하다. 사장이 원하는 방식으로 정리가 되어있지도 않는 곳이다. 그러나 현장은 솔직하고 복잡한 문제와 원인 관계가 잘 이해가 되는 곳이다. 따라서 최고 책임자가 이곳에 와서 신속하게 기준을 정해 상황을 정리하는 것이 필요하다. 이때 올바른 변화의 방향설정과 의사결정의 속도는 달라진다.

둘째로 실패를 성공으로 만드는 기회를 얻는다. (Chance)

현장에는 성공보다 실패사례가 넘치는 곳이다. 단기적으로 보면 손해이지만 장기적인 눈으로 보면 큰 이익을 안겨주는 방법론도 널려있다. 현장은 실행이 중심이 되므로 단기적 시야의 손익이 상황을 지배한다. 그러나 경영자가 전체적이고 장기적인 관점에서 현장을 보면 다른 판단을 할 수 있다. 지금 당장은 회사에서 손해를 보는 실패적인 고객서비스이지만 장기적으로 큰 기회가 되는 방법이 보이기 때문이다. 최고경영자의 현장경영은 부분 최적화를 전체최적화로 전환시키는 중요한 기회이기도 하다.

셋째로 조직의 신뢰의 분위기가 만들어진다. (Trust)

현장경영의 꽃은 인간적인 교류이다. 일본의 나베야바이텍의 사장은 현장경영의 핵심을 "현장에 있는 사람들의 이름과 가족관계 그들의 개인적인 고민을 이해하는 것"이라고 했다. 모두가 현장의 물건이나 문제에 집중할 때 그는 현장을 담당하는 사람에 집중했다. 그들은 최고 경영자와의 인간적 신뢰에서 충성하는 마음이 나온다는 것을 알고 있었고 실제로 좋은 성과를 지속적으로 올리며 458년을 넘은 기업으로서 1000년을 생존 가능한 장수기업 DNA로 신뢰를 지켜가고 있다.

넷째로 불황일수록 현장경영은 고객접점이 강화된다. (Customer)

불황은 고객이 우리기업에서 멀어져가고 있다는 증거라고 했다. 불황은 모든 기업이 겪는 것은 아니다. 모두가 불황이라고 말할 때 호황을 누리는 업종과 기업도 수없이 많다. 핵심은 고객의 변화를 읽는 것이다. 화장지를 생산하는 기업의 현장 혁신을 지도한 적이 있다. 대형 판매점에서 CEO와 함께 2시간 동안 판매상황을 보면서 혁신도전의 실마리를 만들었다. 경쟁사의 화장지가 잘 팔리는 반면 자신들의 물건은 팔리지 않고 재고가 늘어갔다. 품질은 좋은 반면 가격이 비싼 자신들의 화장지는 미묘한 차이로 고객에게 외면 받고 있었다. 그가 "품질이 좋지만 가격도 좋은 제품"이란 고객중심의 실행 테마로 현장에서 원가절감을 진두지휘한 결과 이후 시장을 지배하며 최고의 급여와 복지를 누리는 기업이 되었다. 고객의 요구변화와 작은 선택의 기준을 지체 없이 서비스와 제품에 반영할 수 있는 책임자의 역할이 중요하다.

다섯째로 현장경영은 현장과 가장 좋은 소통의 방법이다.
(Communication)

강한 기업의 뿌리는 눈에 보이는 품질과 가격, 납기가 아니다. 눈에 보이지 않는 최고 경영자와 현장인의 소통력이다. 팀워크는 소통으로 강화가 된다. 소통이 잘 될 때 현장은 선명하게 잘 보인다. 지시의 정밀도가 달라지고 성과도 오른다. 현장의 문제를 경영자가 모르게 가리는 순간 큰 손실을 잉태한다. 물론 문제를 드러내는 것에는 현장과 경영자 간에 믿음과 인간적인 신뢰가 바탕에 있어야 한다.

한국의 경제는 복합적인 불확실성으로 어려움을 겪고 있다. 하지만 기업 경영이 처한 통상적인 상황일 뿐이다. 반드시 어려움을 극복하고 나면 호황을 맞는다. 많은 나약한 기업들이 탈락하기 때문이기도 하다. 호황일 때와 불황의 시기에 대응방법이 다르지만 모두 방법이 있다. 이것은 경험에서 얻는 지혜이다. 답은 현장에 있었다. 어렵다면 더 많이 현장에 가야 한다. 그곳에서 고객만족을 향한 아이디어를 얻고 변화전략도 마련할 수 있다. 인터넷에 널린 지식은 이제 경쟁력의 수단이 아니다. 도전하고 실행하며 얻은 섬세함이 있는 지혜가 바로 경쟁력을 만든다. 현장에서 지혜를 쌓는 현장경영이 더욱 중요해진 시대이다.

현장경영은 소통하며 조정하고 결론을 내면서 상호 납득하는 과정을 가장 빠르게 진행할 수 있기에 speed가 중요해진 지금 가장 필요한 경영수단이다.

현장경영 5득

1. Speed : 현장경영은 올바른 의사결정과 실행의 스피드를 높여준다.
2. Chance : 실행을 성공으로 만드는 기회를 얻는다.
3. Trust : 조직의 신뢰분위기가 만들어진다.
4. Customer : 불황일수록 현장경영은 고객접점이 강화된다.
5. Communication : 현장경영은 현장과 가장 좋은 소통방법이다.

3.5 설비보전맨이 일하는 보전부서의 일

장치산업에서 설비보전 담당자의 일은 무엇일까? 메인터넌스의 일은 설비의 유지 보수라고 생각하고 오퍼레이터의 일은 생산이라고 생각한다. 그런데 고객의 관점에서 진짜 일은 무엇일까?, 현장의 설비 오퍼레이터의 일이 "생산"이라고 했을 때, 메인터넌스의 일은 무엇일까? 현장의 컨설팅을 하면서 아주 중대한 발견을 하게 된다. 토요타에서 배웠지만 컨설팅을 하면서도 구분 방법이 생각나지는 않았다. 그런데 우연하게 현장의 지도를 하면서 깨닫게 된다. 장치산업인 Y기업을 지도할 때이다. 전반적으로 경기가 가라앉으며 공장이 다섯 곳이 있는데 그중에 두개의 공장이 쉬고 있었다. 열심히 생산을 해보았자 재고만 늘어날 뿐이었다. 따라서 2개의 공장을 세우더라도 나머지 3개 공장은 생산성을 올려 원가를 줄이면서 열심히 돌려야 했다. 그런데 현장지도를 하는 그날 생산장비가 서있었다. 전날 회의하면서 왜 생산이 미달됐는지 확인하는 과정에서 제조부장에게 문제를 물었는데 "설비의 보전이 잘 못되어 설비고장"이 문제라고 했는데 이번에는 보전부서에게 물었다. 오퍼레이터의 잘못으로 일어난 문제라고 책임을 떠넘긴다. 현장을 확인하지 않고 누구한테 책임을 명확히 물을 수가 없었다. 책임이 없으면 개선의 주체가 없어져 진행이 되지 않는다. 그래서 고민을 하고 있었는데 마침 현장에 가보니 장비가 서있었고 오퍼레이터들은 커피를 마시며 담소를 즐기고 있었다.

그래서 생산부서장에게 이유를 물으려고 하는 순간 대형 기계

장비 밑에서 보전담당자 한사람이 옷이 엉망이 되어 나오고 있었다.

"아이고 선생님 오셨어요." 겸언쩍게 인사를 한다.

"오늘도 설비 고장인가요?"라고 물었다.

"아 선생님 잠깐만 기다리세요, 이제 다 고쳤습니다!!"

"저기 오퍼레이터들에게 바로 가동하라고 하겠습니다."

그때 네명의 오퍼레이터는 커피를 마시고 있었다. 분위기는 아주 좋아보였다.

"여기 다 고쳤어요!!" 메인터넌스 담당이 소리를 쳤다.

그때 오퍼레이터 여사원의 한마디가 놀라움이었다.

"박 과장님!! 벌써 다 고쳤나요!!"

…

그렇구나.

회사가 어려움을 당하든 말든 아주 편하게 쉬고 있었음을 알았다.

"벌써 다 고쳤어요?"라고 오퍼레이터가 말했기 때문이다.

보전맨이 일할 때는 오퍼레이터는 쉬고, 오퍼레이터가 일할 때는 보전맨이 쉬고 있었다.

기계 잘 돌아가면 보전맨은 자신이 일을 잘하고 있다고 착각하고 있다. 아니 회사는 지금 어려움이 큰데 그들은 무엇을 하고 있는 것일까?

그때 발견한 것이 있었다. 바로 보전맨의 일은 고객입장에서 보면 유지보수가 아니다. 생산이었다. 생산을 위한 존재이지 보전만 하면 되는 게 아니었다. 이회사가 어려움을 겪는 것은 바로 여기에 있다고 생각을 했다. 유지 보전만 잘 하면 회사가 잘 나갈까? 기계가 고장이 없다고 회사가 잘나가는 것이 아니다. 품질과 가격경쟁력이 있어야 한다. 보전이 아무리 기계의 고장이 없도록 해도 원가가 높아 가격이 높으면 안 팔려 공장가동을 멈추어야 한다는 사실이다. 보전의 일은 생산이라는 사실을 그때 깊이 깨닫고 공유했다. 이때부터 혁신이 시작이 되었다. 보전과 오퍼레이터의 일의 개념이 새로 정립이 되었다. 위기를 넘기 위해 중대한 결정적인 변화를 시작하는 계기가 되었다. 이때 제시한 것은 보전맨도 오퍼레이팅을 한다! 그랬더니 처음에는 많은 반발이 있었다. 우리는 엔지니어들인데 우리가 오퍼레이팅을 하면 어떻게 합니까.

아니 당신들이 왜 존재하는가요? 생산을 하기 위해서 존재하는 것은 아닌가요?

장치산업이니까 자신들의 힘으로 기계를 돌리는 것도 아니기에 보전도 할 수 있고 오퍼레이팅도 동시에 할 수 있습니다. 그러면 생산에 관련된 사람을 많이 줄일 수도 있잖아요.

오퍼레이터를 다 빼서 무엇을 할 것인지 분명하게 제시를 한다. 보전도 할 수 있게 하는 것이었다. 오퍼레이터들을 보면 기계가 고장이 났을 때

"어머어머 어떻해요, 어떻해요!!"

이떻게 하긴 뭐를 이떻게 해요. 장비를 모르니까 그런거지...

이제는 스스로 조치를 취할 줄 알아야지요.

과장님 여기 기계가 이상해요!! 이렇게 전하는 사람이 아니라 오퍼레이터가 기계구조와 기능을 알면 자기가 즉시 조치를 할 수 있지 않을까?

이때부터 오퍼레이터를 먼저 다 빼겠다고 선언을 했다. 그날

엄청난 걸 하나 얻었다.

현장을 보는 눈이 확 변한 것이다. 물론 이것을 노조와도 협의해서 동의 얻는데 두 달 이상의 시간이 걸렸다. 이후 오퍼레이터들은 이제 오퍼레이팅 엔지니어로 변화를 하는 것이 목표였다. 3개월간 현장에서 빼내서 장비교육을 시켰다. 여사원들에게 용접교육도 실시했다. 그리고 모터, 펌프, 분해 조립, 군대 가서 총 분해 조립하듯이...

기어구조, 베어링의 분해 조립, 벨트의 구조 이해, 이런 걸 다 학습해 나갔다. 그리고 메인터넌스가 되어야 하기 때문에 오퍼레이터만의 직무는 없어졌다. 오퍼레이팅 엔지니어이니까. 이제 모두가 장비를 아는 사람의 집단이 되었다. 사람의 부가가치가 달라졌다. 이후 그들의 급여가 많이 오른 것은 물론이다. 하지만 혁신추진 3년 후에 문제가 발생을 했다 해고는 없다고 했지만 너무 많은 인원이 남아도는 상황을 맞이한 것이다.

여기까지 오는데 해고는 없다고 해서 현장에서 사람을 빼내는 협력을 얻어 이루어낸 성과였기에 해고를 할 수는 없었다. 물론 사장도 해고는 없다고 약속을 했기에 40명이 넘는 인원의 배치가 걱정이었다. 이제 좀 경쟁력이 생겼는데 이후는 어떻게 해야 됩니까? 노조와 고민하던 중에 고용유지를 위해 교대조를 하나 더 만드는 것으로 했다. 그동안 년 중 3조 3교대니까 쉬지도 못했다. 장치산업이기에 세울 수가 없어서 계속 돌려야 해서 4조 3교대나 4조 2교대를 검토하는 것으로 했다. 한사람도 안 늘리고 3조 3교대 근무 체제에서 4조 2교대로 결국 합의를 이루었다. 한사람도 해고 하지 않았다. 4조 2교대가 되면 12시간씩 맞교대를 해야 한다. 4일을 맞교대하고 나서 4일을 쉴 수 있다. 이제까지 상상할 수 없었던 일이 벌어진 것이다. 전에는 365일 3교대 할 때 가끔 한번 쉬려면 맞교대 하려고 자기들끼리 협의하여 정하고 빠졌는데 이제는 4일 동안은 맞교대 하느라고 고생하지만 그 대신 1주일에 4일은 쉬게 된다. 시골이기에 농사를 지을 수도 있는 여유가 만들어 진다. 4일 일하고 원래 4일 쉬어야 하는데 쉬는 것은 좋지만 근무시간이 너무 줄어 급여가 떨어질 수도 있었다. 급여를 유지하는 방법은 특근으로 하루를 출근 하는 것이었다. 컨설턴트로서 맞교대만 존재하면 교육을 시킬 사람도 여유도 없다. 결국 4조 2교대로 결론이 났다. 일주일에 단 하루는 출근한다. 출근하면 특근이 되어 전보다 높은 급여를 받을 수 있다. 특근 하는 날에는 개선을 하거나 철저하게 인수인계를 받는다.

그 전에는 3조 3교대 하면 교대시간에 정시에 나가고 들어와 서로 업무의 인수인계가 부실했다. 그때마다 생산력이 떨어지는 문제가 있었다. 하루에 3번 교대할 때마다 생산량이 떨어져서 이것만 개선하여도 엄청나게 큰 효과가 있었다. 맞교대가 되면 교대를 하는 횟수가 줄어서 이점이 있다. 그리고 그들이 하루 특근으로 출근을 시작하고 나서부터는 많은 개선을 하게 된다. 이제 근육 노동자가 존재하는 것이 아니라 지혜 노동자로 변신을 하게 된 것이다. 이제 오퍼레이트로 존재하는 게 아니라 여사원들도 오퍼레이팅 엔지니어가 되었다. 사람의 부가가치가 달라진 것이다.

이제 급여가 올라가도 경쟁력이 있고 세계 글로벌 넘버 1의 원가력을 갖게 되었다. 그때부터 계속 중국이나 미국에서도 벤지마킹하러 오는 공장이 되었다. 왜냐하면 세계 1등의 원가력이 생겼기 때문이다. 핵심은 낭비에 눈을 떴고 분업이 아닌 다능화로 이룬 결과였다. 현장에 있는 그 사람들이 스스로 아이디어를 내기 시작할 때가 진정으로 성과가 오른다. 이때부터 이익으로 연결이 되는 아이디어가 된다. 현장을 이해하지 못하고 내는 아이디어는 원가만 높이는 경우가 많다. 그래서 현장을 알아야 한다. 진짜는 현장에 있었다. 현장이 솔직해졌다.

처음에 공장을 갔을 때 3교대 조마다 12만 개, 10만 개, 8만 개로 생산 실적이 달랐다.

왜 이렇게 현장이 불투명 합니까? 같은 설비로 같은 시간동안 작업을 하는데 "현장도 투명하고 솔직해집시다."

왜 사무실에 있는 사람들이 함께하면 더 잘 나오게 되고, 어떻게 현장에 있는 전문가들만이 작업을 하면 생산성이 왜 떨어져야 합니까? 경영은 투명해야 한다고 하면서 현장은 불투명하고 안보이게 해놓고 있나요?

"이건 불공평하잖아요. 우리 공평합시다."

"경영자한테 하나라도 흠이 있으면 얘기하시고 그 대신 여러분들도 문제는 투명하게 합시다. 현장의 문제는 보이게 해야 개선이 됩니다. 잘못된 건 잘못됐다 라고 신고하십시오. 왜 12만 개가 나왔는데 9만 개만 실적으로 적고 4만 개를 다음 교대조한테는 물려줍니까. 그러면 다음 교대조는 대충해서 4만 개만 생산해도 8만 개 생산실적으로 신고할 수 있어요. 도와주는 건 좋은데 회사는 멍들지 않습니까. 그러니까 지금 회사가 이렇게 어렵지 않습니까." 이러한 호소는 처음에는 크게 현장의 협력을 얻지는 못했다.

회사는 어렵지만 현장의 정서는 열심히 하는 것이 아니라 적당히 편하게 일하는 분위기로 단합이 되어 있었다. 이를 허무는 데는 엉뚱한 계기로 도움을 얻게 된다.

현장의 패러다임을 바꾼 김 반장의 눈물

쉬는 공장도 있고 해서 개선 교육을 겸해 35명의 반장들의 워크숍을 진행하게 되었다.

그때 여사원 김반장이라는 사람이 눈물을 흘리는 바람에 패러다임이 확 바뀐다.

김 반장이 나와서 발언을 하겠다고 한다. 홍일점 김 반장이 용기를 내어 나오겠다고 하니 반갑게 시간을 내 주었다.

그런데 나오자 마자 눈물이 줄줄 흐른다. 모두 남자들이기에 다들 깜짝 놀랐다. 갑자기 나오더니 얘기는 안하고 감정을 억누르며 눈물만 흘리고 있으니…

그래서 "지금 우는 거요?" 물었다. 그랬더니

"울고 있습니다. 얘기를 못하겠습니다" 그래서

"어쨌든 박수!!"

그렇게 시작했는데 갑자기 첫마디가 한이 배친 말을 한다.

"그 동안 저한테 왜 자꾸 시집 인가냐고 묻습니까?"

그래서 그게 뭐가 잘못인가 생각하며 단지 당신을 생각해서 말한 거라고 했다.

"아니요. 저는 지금 회사 그만 못 둡니다. 지금 회사 어려우니까 저한테 그만두라고 하는 거 아닙니까? 그 말의 뜻은…"

노처녀이긴 했다. 김 반장이. 34인가 나이가 그렇게 됐다. 반장이긴 하지만 34세가 되니 다들 걱정이 되니까 시집 왜 안가나 애인 없나 단순하게 물었는데...

그녀는 강한 어조로 말한다.

"저는요. 그만 둘 수 없습니다. 저도 집의 생계를 책임지는 가장입니다. 제 어머니가 집을 나갔습니다. 그리고 제 아버지는 중환자실에 있습니다. 이미 오래 됐습니다. 제 동생은 이제 대학교 다니구요, 제가 다 부양하지 않으면 안 됩니다. 저 그만 못 둡니다!! 저한테 여러분들이 왜 시집 안가냐고 묻는 것은 저한테 상처를 주는 것입니다. 저희 아버지와 제 동생 학비는 또 어떻게 하구요, 여러분보다 제가 더 여기에서 근무를 해야 합니다."

이 얘기를 듣는 반장들의 사이에 순간적으로 패러다임이 확 바뀌게 된다. 반장들도 다 노조에 가입이 되어 있었다.

"우리 회사가 물건이 안 팔리니까 이렇게 고생하고 있는 것이 아닌가? 우리 반장들이 나섭시다. 쉬는 날은 어차피 두 개 공장이 쉬니까 그때는 우리가 모두 다 물건을 팔러 나갑시다. 트럭에 싣고 나가서 새로 입주하는 아파트 단지에 가서 물건을 팝시다. 역 앞에 나가서도 팝시다!! 우리 노조에서도 나가서 팝시다!, 회사에서 해고 걱정하며 시간을 허비하는 것은 아닌 것 같습니다. 이건 우리가 일자리를 지키기 위해 해야 할 일입니다."

반장들의 생각이 김 반장의 눈물에 확 바뀐 것이다. 공장의 가동정지가 길어질수록 우리 중에 누군가가 나가기를 솔직히 기대하게 되고 은근하게 김반장 그만뒀으면 좋겠다는 은연중의 압박이 있었음이 솔직한 심정이었다.

누구라도 그만둬줘야 내가 안 잘리는데 누구도 안 그만둔다는 생각 말이었다.

겉으로 드러내는 사람은 없었지만 서로 누가 안 그만두나만 살펴보고 있었는데.

"이렇게 하고 있을 수만은 없으니 여사원들 쉴 때는 청소하고 이럴 일이 아니라 대형 매장에 가서 우리 물건 판촉지원 하러 나갑시다."

그리고 "물건 팔면서 우리 물건이 왜 안 팔리는지도 압시다. 그게 중요한 겁니다." 그러면서 대개혁이 일어났다. 가동을 멈추면 자발적으로 모두가 지역마다 판촉직원으로 나갔다. 쉬는 날도 나가서 판촉 활동을 했다. 돈 안 받고 회사를 위해 스스로 참여를 한 것이다.

회사와 함께 우리 일터가 살아나도록 힘을 합해야 한다는 것이었다. 그 순간 회사의 분위기는 달라졌다. 회사가 설득해서는 어림도 없는 일이 스스로 일어났다. 그때부터 그들은 원가절감에 관한 얘기를 하면 잘 받아 들여졌다. 이전에는 무관심하던 사람들이었지만 이제는 개선이라는 말이 아주 잘 통했다. 현장개선도 순식간에 확장이 되며 생산성이 쑥쑥 올라갔다. 열심히 하는 것이 사랑스러워지면서 30만 개 나오던 것이 50만 개가 나오고 글로벌 1등까지 생산성이 올랐다. 개선을 통해 어디에도 없는 새로운 가공기로 스스로 개선을 해내는 변신도 일어나기 시작했다. 모두가 이제 엔지니어가 다 되었기 때문에 이제는 개선에도 눈을 떴다. 이것은 김 반장이 흘린 눈물이 계기를 만든 효과였다. 그래서 이것을 "김 반장의 눈물효과"라고 이름을 붙였다.

한국의 제조업 현장은 빠르게 무너지고 있다. 크게 변하지 않으면 미래가 없다. 이제 어떻게 변해야 할까는 지금부터 시작이겠지만 김 반장의 눈물 현상이 현장에서 일어나길 바란다. 우리 회사 이대로 가서는 안 되겠다 하면 이제 실행으로 옮겨야 한다. 그때 그 사람들이 결정한 것은 "우리 나가서 팝시다. 우리 다 판촉지원 갑시다". 그리고 진짜 기쁜 마음으로 다 판매장으로 나갔듯이 말이다. 그 당시 노조위원장도 대형마트를 찾아가서 실제 물건을 판촉 지원하면서 아쉬움을 토로했다. 함께 어려움을 돌파하자는 취지로 갔지만 지금까지 자기들의 제품이 잘 팔리고 있다고 생각했다. 그런데 현장에서 잘 팔리기는커녕 안 팔리는 제품이 되어 있었다. 경쟁기업의 제품이 함께 진열이 되어 있으니 고객이 어떤 걸 주워가는지 볼 수 있었다. 왜 우리 제품이 안 팔리는가. 이유는 간단했다. 좀 비싸게 값이 매겨져 있었다.

"우리 제품은 길이가 좀 길어요. 다른 제품은 60m지만 우리는 70m로 감아서 24롤 모두 합치면 오히려 저렴한 가격이고 이건 단단하지 않습니까?"라고 설명을 한다.

그런데 고객들은 화장지를 집들이 선물로도 많이 사용하고 있었다.

24롤로 경쟁사보다 천오백 원이 차이났다. 물론 길이로 평가하면 같은 가격이지만 24롤 가격으로는 비쌌다. 중요한 것은 안 팔린다는 사실이었다. 이것을 모두가 간과하고 있었다. 판매 현장에서 긴 시간을 관찰하였다. 왜 안 팔리는가? 노조위원장이 두 시간을 보고나서 현장에서 물건을 고르는 고객들을 보며 진실을 알게 되었다.

"그렇잖아요. 24롤은 똑같은데 가격이 천오백 원이나 비싸니 안 사가는 겁니다. 누가 그걸 사가요? 어차피 천 원이라도 더 싼 걸 사가는데. 그죠?, 요건 만 원인데 이것은 만천오백 원. 그래서 안 사가는 거예요. 만 원짜리 이하의 물건을 계속 집어갑니다."

"실질적으로 고객한테 길이가 더 길기 때문에 더 혜택을 준다고 하지만 고객은 그걸 인식을 못 하는 거예요" 현장을 보고난 후 즉시 변화가 일어났다. 두 달도 안 지나서 이 회사의 물건이 싸졌고 잘 팔리기 시작했다. 경쟁사와 같이 길이로 말고 가격을 더 내린 것이 효과를 냈다.

원가절감도 자발적으로 많이 했다. 낭비에 대한 인식을 전사원이 공유했고 개선실행도 빨라지면서 경쟁력은 가파르게 좋아졌다. 그리고 그들은 이제 경쟁사 대비 최고 급여를 받을 자격도 생겼다. "4일 일하고 3일 쉬고 이후 하루 나가서 철저하게 개선합니다. 그리고 제대로 인수인계도 받습니다. 전에는 대충 받았는데 이제는 철저하게 인수인계를 받으니까 로스가 많이 줄었어요" 라는 말을 한다. 일이 즐거워진 것이다.

토요타가 그러하듯이 일류직장을 만드는 것은 현장에서 시작이 되어야 한다. 이것은 현장인의 사고방식 변화에서 온다. 공짜로 이루어지지 않는다. 현장이 스스로 실행하는 데서 진정한 경쟁력은 만들어진다. 한국의 자동차기업에서도 "김반장의 눈물"이 있길 바란다. 급여를 올리는 것이 중요한 것이 아니라 경쟁력을 만들어야 일자리가 늘고 공장도 더 짓는다. 이제는 원가 경쟁력이 없으면 공장은 떠난다. 아니 만들어봤자 팔수가 없으니 재고가 늘며 서서히 생산이 없어진다. 이때부터는 일자리 걱정은 해보았자 이미 늦다.

후손까지 생각하는 일터를 만들어야 한다. 특히 최고급의 일자리인 자동차 기업의 현장이 지금과 같이 안이하게 생각하고 있어서는 일자리가 통째로 날아간다. 최저 임금대비 3배 이상이 된다면 이제는 인상은 스스로 멈추어야 한다. 토요타자동차는 2017년 3월에 노조위원장이 나서서 우리는 1,300엔(13,000원)에 만족한다고 하면서 1달도 되지 않아 임단협을 마쳤다. 노조가 이제는 일자리를 안정적으로 유지하기 위해 경영자에게 더 많은 개선을 할 것을 요구하고 노조가 개선에 협력하는 환경이 만들어져야 한다. 파업의 모습을 보면 이제는 고객들이 떠나고 만다. 결국 경영이 악화될 것이다. 결국 완성차 업체만의 피해가 아닌 1차와 2차 벤더의 기업도 생산량이 줄면서 피해를 입고 국가적으로도 손실이 온다. 일자리는 노조가 지키는 것이 아니라 생산성을 높일 때 경쟁력이 지켜준다는 사실을 알아야 한다.

변화의 기초 언어소통 인프라 만들기

토요타에서는 "커뮤니케이션 인프라"라는 말을 자주 쓴다. 조직을 바꾸려면 커뮤니케이션 인프라를 먼저 깔아야 한다. 컴퓨터에 OS를 먼저 깔아야 하듯이 말이다. 가장 중요한 것은 구성원들이 서로 소통하는 언어의 인프라이다. 이것이 마련되면 매우 빠르게 언어가 잘 소통이 된다. 무엇을 이야기하는지 진정한 뜻을 알게 된다는 말이다. 자신이 알고 있는 언어가 아니라 공통으로 해석이 되도록 공유된 언어를 갖고 있을 때 소통이 외곡이 되지 않고 제대로 전달이 되는 것을 말한다.

고속도로가 아닌 구식 도로에서 빨리 달리려 한다면 문제가 생긴다. 지금의 재래 철도에서 300㎞로 KTX가 달리면 아마 서울에서 부산까지 갈수가 없는 이치다. 철도라는 인프라와 무관하게 300㎞로 달리려고만 하면 중간 어디에선가 탈선하고 말 것이다. 간단하다. 300㎞로 달리는 철도 인프라를 갖추지 않았기 때문이다. 소통의 인프라도 똑같다. 분명히 윗사람은 많은 소통을 했다고 하고 또 밑에 사람도 뭔가를 이야기한다고 하는데 서로가 알아듣지 못해 소통이 안 된다. 그래서 경영자마다 그들과 소통이 잘되는 심복이라는 사람들을 아래에 배치하려고 노력한다. 이것은 순기능도 많다. 소통의 기반을 마련하는 시간이 줄어들기 때문이다. 평소하는 이야기의 뜻을 잘 이해할 수 있기 때문이다. 중요한 것은 함축적인 공동의 언어를 갖는 것이다. 일에 관한 이야기도 같다. 일터에서 일한다고 해보자. 그러면 일이란 무엇인지, 제조기술이란, 왜 개선이 필요한지, 내가 작업한 것은 어떻게 고객에게 만족을 주는지, 작업만을 하는 것이 아닌 경쟁력 있게 작업을 하는 방법은 무엇인지, 각자가 어떠한 내용에 대한 책임을 져야 하는지 등등을 이해하고 있는 것이 중요하다.

일을 제대로 한다는 것은 책임을 가지고 있는 것이고 이를 잘 이해하고 실행하는 것이다.

"자공정완결", 이것은 일류 직장인으로서 자부심을 느끼는 토요타 현장에서의 기본정신이었다.

작업만을 할 줄 아는 수준으로는 안된다. 고객의 만족요소(요구 품질, 요구 원가, 요구 납기)를 알고 이에 맞주어 개선이 가능한 사람이 되어야 한다. 이익을 내지 못하면 이미 일이 아닌 헛일을 하고 있다는 생각을 가져야 한다.

회사에서 시간을 보내면 노동이라고 생각하는 사람들이 있다. 여기서 노동에 대해 잘 생각해 볼 필요가 있다. 고객의 가치와 무관하게 시간을 보내면서 원가만을 올려놓고 일했다고 착각해서는 안 된다. 고객의 가치와 무관하게 원가만 올리는 노동은 헛일이 되기 때문이다. 급여를 더 올리고 이익을 높일 여지를 낭비적인 손실기능으로 날려서는 곤란하다. 교육은 이제 지식을 가르치는 시대를 지났다. 소통의 인프라를 만들고 변화목표와 방향을 공유하는 방법론이어야 한다. 이후에 각자에 맞는 필요한 지식은 스스로 실행단계에서 갖추게 되어 있다. 지식을 습득할 수 있는 사회적인 기반은 이제 너무나 잘 갖추어져 있다는 사실이다.

원포인트 제언

열심히 한다고 하면서 이익이 없는 헛일을 해서는 안된다. 이익이 나도록 개선하여 경쟁력 있게 만들 때만 일자리가 유지된다.

3.6 관리자의 주기능과 직급별 일의 구분

관리자로서 일을 제대로 하려면 우선 관리가 무엇인지 알아야 한다. 먼저 질문을 한다. 관리자라고 하는데 관리란 무슨 뜻이 있는가요?

관리자라는 단어를 쓰려면 우선 관리가 무엇인지 정의가 필요한 것이다.

질문을 하면 여러 가지 대답이 나온다.

"운영하는 것이 관리입니다."

"따리오게 하는 것", "유지를 하는 것", "전달을 하는 것" 등등 의견이 나온다.

토요타는 관리라고 하는 단어를 먼저 명확히 정의하고 있었다.

관리란 두 가지를 담고 있다고 했다. 유지관리와 향상관리였다.

관리란 컨트롤이라고도 하는데 유지관리를 먼저 예를 들어보면 유지란 상한과 하한의 범위를 정하고 이를 벗어나면 범위 내로 문제의 개선을 실행하는 것을 말한다. 유지에 있어서 정해진 것을 그대로 실행하는 것은 작업자이지만 잘못된 것을 바꾸고 개선하는 것은 관리자의 중요한 업무였다.

또한 향상관리가 있다. 토요타는 1등의 향상 목표를 설정하는 것이 중요시한다. 관리자는 이때 향상 목표를 세우는 것으로 끝이 아니라 실행 단계에서 목표에서 멀어질 때 반드시 달성이 되도록 개선하는 것이 중요하다.

관리란 결국 두 가지 유지관리와 향상관리를 하게 되는데 모든 경우 목표를 달성하지 못하면 개선이라는 행위가 필요해진다. 바로 관리란 결국 목표대로 결과를 얻도록 문제 내용을 개선하는 책임을 지는 것을 말하고 있다.

따라서 토요타는 유지와 향상의 목표를 가지고 개선의 실행주체가 되는 사람을 관리자라고 한다.

토요타에서 관리자는 곧 개선맨을 뜻한다. 주기능을 명확히 한 것이다.

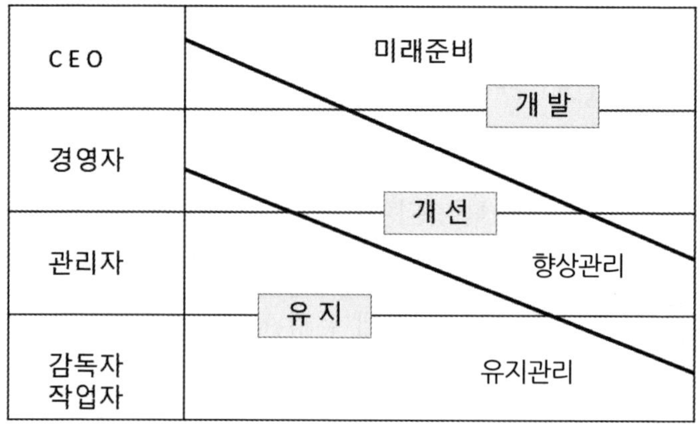

▶▶ CEO 경영자와 관리자 감독자 작업자가 할 주기능인 일의 역할 비중

CEO는 미래를 준비하는 개발 쪽에 80%가 넘게 위치하고 개선에 20% 정도를 반영한다. 경영자는 개발에 50% 개선에 40% 유지에 10%의 비중을 갖고 관리자는 유지에 40% 개선에 50% 개발에 10% 비중, 감독자/작업자는 유지에 90% 개선에 10%의 비중으로 일을 하는 것임

지금 최고경영자가 현재 업무에 비중을 둔다면 미래가 없다. CEO는 대부분의 시간을 미래의 일거리 개발과 인재육성에 두는 것이 중요하다. 이걸 잘 준비하여 성공한 분은 삼성그룹을 이끈 이건희 회장이었다. 그분이 말하는 것은 10년 후의 방향성과 사

업의 분야 트랜드를 보고 있었다. 3~5년 후는 경영자들이 관심을 갖고 바로 제품으로 개발해내는 것이다. 그런데 관리자는 현재의 제품을 기반으로 차기 제품개발에 따른 개선방안을 제시하고 현재의 제품의 생산에 대한 향상관리 개선을 주로 수행한다. 감독자와 작업자는 현재 일을 개선해야 하지만 90% 이상 현장의 유지관리에 집중해야 한다.

작업자들한테 개선할 제안을 내라고 해서는 불만이나 작업의 불편한 점의 수준으로 그치지만 관리자는 향상목표가 있기 때문에 지금의 상태를 뛰어넘는 변화를 만드는 개선에 도전하게 되므로 큰 성과로 연결이 된다.

따라서 현장은 어제와 같은 상태를 유지하며 열심히 하는 것만이 중요한 게 아니라 일정 수준의 비율을 갖고 향상목표를 향해 매일 변화를 지속하는 것이 중요하다. 그렇지 않으면 기업의 미래가 없어지고 현장도 변화에 저항하며 멈춘다. 그래서 현장변화를 지속적으로 성공하기 위해서는 관리자의 주기능이어야 하는 개선리더십을 높이는 것이 중요하다.

3.7 혁신을 주도할 혁신리더의 5가지 덕목

"한국에서 최고를 목표로 했는데 이제 세계 1등이 될 것입니다." 사장의 선언이 아니다. 충주에 있는 새한전자의 생산팀장 반용국 부장의 말이다. 그는 혁신리더 출신으로 "TPS 개선 전문가 1급" 자격을 취득한 당당한 혁신의 전문가이다.

그는 "사실 저는 회사의 일과 조직에 대한 불만이 많았던 사람이었습니다. 그런데 지금은 주도적으로 제품개발과 개선을 하고 회사 자랑에도 앞장을 서고 있습니다."고 말한다. 역시 혁신리더 양성과정에서의 성공체험이 그를 근본적으로 변화시킨 것이다. 혁신사관학교 극한 체험인 모랄 훈련을 마치고 4개월간 매주 2일씩 TPS개선지식의 학습과 현장 즉 실천 훈련을 받았다. 이러한 인재 양성의 기간 동안 그가 개선한 성과로 발표한 금액은 7.3억원이었다. 새한전자에서 이 금액은 단비와 같았다. 새로운 투자를 하는데 결정적인 자신감을 주었다.

토요타의 "물건 만들기 곧 사람 만들기"라는 말이 빈말이 아님도 증명하는 순간이었다. 그들은 생산 현장을 "고객에게 자랑이 가능하고 미래 꿈을 보여주는 영업이 되는 현장"으로 만들었다. 고객이 방문을 하면 품질과 납기에 대해 안심을 하도록 해준다. 그리고 잘 관리되는 낭비 없는 현장을 만들어 가고 있음을 체계적으로 설명하고 지속적으로 낮은 가격으로 공급이 가능함을 증명해 보인다. 사장이 아닌 훈련받은 특공대원들이 자신있게 미래 비전과 함께 현장을 보여주며 설명하는 모습을 보면 당연히 고객이 늘어나게 되어있다.

고객기업인 LS산전에서는 "모든 협력기업 사장님들은 새한전자를 견학하고 관리자들도 견학을 하기 바란다."고 권고하게 될 정도로 현장은 좋아졌다.

그런데 그들이 만드는 제품이 부가가치가 좋은 것이려니 생각해서는 오산이다. 부가가치가 적은 사출분야이고 경쟁이 치열하고 가격이 낮아서 많은 도산을 하는 업종인 소형 스크류 생산기업이다. 소형 목재용 윙 스크류는 본격적으로 몰입하여 개선하면서 생산성을 높여 10%대의 국내시장 점유율을 60% 이상으로 끌어 올렸다. 고품질과 물류혁신으로 낭비를 제거하여 낮은 가격으로의 공급을 하게 된 것이 승부수였다. 전사원의 의식혁신 교육으로 변화에 대한 저항이 사라지고 혁신리더의 활약으로 현장이 바뀌자 100억 이상의 매출이 늘어날 수 있는 대형 거래선인 LS산전에게 신뢰를 얻었다. 결과 1차벤더로 확정되고 납품이 시작이 되었다. 새한전자의 사례에서 침체된 기업의 분위기를 변화시킨 것은 고객과 경쟁사의 변화를 인지하고 "변화미션을 실행할 혁신리더를 통해 종업원 스스로 변화에 동참"하는 분위기를 만든 것이다. 당연히 고객 평가에서 최우수기업으로 선정이 되었다.

여기서 이러한 결과를 만들며 변화를 주도하는 리더를 양성하며 핵심적으로 추구한 5가지 덕목과 그 내용을 소개한다. 이러한 아이디어는 토요타의 단단한 기반을 만든 "자주연구회" 인재육성 프로그램을 응용한 것이다.

첫째 변화를 이끌 혁신리더를 구성하고 1등 목표를 미션으로 설정한다. (No.1 Target)

기존의 방법에 불만이 많은 인재이지만 마음이 따스한 인물을 선발한다면 성공의 확률은 높아진다. 변화의 욕구가 크기 때문이다. 그들에게는 혁신리더 구성의 목적인 "변화의 목표"를 부여하는 것이 중요하다. 부서수준이 아닌 기업의 운명이 달린 단기 도전목표와 장기비전과 방향을 동시에 제시하는 것이 필요하다. 중소기업의 특성상 인력이 부족하다고 하지만 그럴수록 반드시 해야 하는 것이 1등 목표 도전을 통해 경쟁력을 창출하는 혁신리더를 양성하는 것이다. 90%의 인원이 기존의 일을 하고 최소한 10%의 인원은 별도로 변화와 도전의 일을 해야 한다. 그들이 새로운 기회를 잡고 변화를 시키는 역할도 하게 된다. 모두가 유지만의 일을 해서는 미래가 없다.

둘째로 목표달성의 방법을 체득하도록 개선지식을 제공한다.
(Knowledge for Kaizen)

지식이 없는 사람이 앞에서 끌고 가서는 리더십을 만들지 못하기 때문이다. 중요한 것은 그가 가진 지식의 내용이다. 일에 대한 전문지식이나 직위에 필요한 지식도 중요하지만 "변화와 혁신의 지식"이 있어야 한다. 변화의 지식이야 말로 지속 생존의 조건이기 때문이다. 따라서 현장을 지도하는 오노타이이치는 매일같이 현장에서 "오늘은 어제와 무엇이 달라졌는가?"라고 물었다. 달라진 것이 없다면 우리는 이미 경쟁에서 진 것이다. 올해 당장 다가오지는 않겠지만 다음해라도 위기가 찾아온다는 것이다. 따라서 매일 변화를 추구하고 개선하는 것을 일상화시켰다. 혁신리더의 양성단계에서는 변화의 지식을 학습하고 실천하는 역할을 한다. 현장의 낭비와 흐름 분석기법 습득은 물론 직접 현장의 즉실천을 통해 개선을 몸으로 체험한다. 또한 여러기업을 방문하여 혁신사례를 접하며 자신감을 얻어 간다. 이 과정 속에서 명확한 도전의 과제를 확인하고 실행하면서 혁신 지식을 몸으로 익혀나간다. TPS는 현장 변화와 혁신의 지식을 제공하는 도구로서 중요한 역할을 했다. 우리는 "변화의 지식"으로 무엇을 갖고 있는지 묻고 있는 것이다.

셋째로 열정과 끈기를 불어 넣는다. (Passion, Tenacity)

앞에 서려면 열정을 갖으라고 했다. 열정이 부족하거든 물러나라고 한다. 열정이 식었는데 책임자로 있어서는 기업이나 조직이 죽는다. 열정이 있는 사람이 리더를 해야 한다. 열정은 목표를 반드시 달성한다는 열망에서 나온다. 열정의 핵심은 1등의 목표를 가지고 도전하는 것이다.

리더에게 "즉시한다 반드시 한다. 될 때까지 한다"는 실행의지가 있을 때 열정이 있다고 정의를 한다.

끈기는 목표를 달성할 때까지 포기하지 않는 "될 때까지 한다"는 정신이다. 초기에는 모두가 목표에 대해 달성이 가능하다는 생각을 갖기 어렵다. 하지만 기간이 지나면서 자신감이 생기고 목표에 다가가게 된다. 혁신리더를 양성하면서 가장 많이 외친 함성은 "즉시 한다. 반드시 한다. 될 때까지 한다."였다.

넷째로 먼저 시작하는 실행스피드이다. (Speed)

퍼스트무버로서 먼저하는 것의 중요성이 어느 때보다 높아졌다. 스피드는 커뮤니케이션 인프라가 잘 구축이 되었을 때 나오게 된다. 현장관리를 잘한다는 것은 현장의 물건이 아니라 현장인의 마음을 잘 얻어 놓는 것이다. 신뢰가 소통의 핵심 인프라이다. 또한 변화를 성공시키기 위한 가장 중요한 것이 변화의 지식인프라이다 변화와 혁신의 훈련을 통해 사전에 모든 조직원들이 변화를 받아들이도록 만드는 과정도 필요하다. 그러면 혁신리더들이 현장의 협력을 얻기가 편하고 변화의 속도는 배가 된다. "혁신교육을 다녀왔나요? 아니면 먼저 수료하고 오세요. 그 다음에 이야기합시다" 웅진그룹의 일원이었던 코웨이 임원이 현장혁신을 이끌며 한 말이다.

현장은 소통인프라가 만들어지면 소통의 속도가 빨라진다는 것을 알고 있기 때문이다. 앞서가는 기업의 공통점은 소통의 속도가 빠르다는 것이다. 코웨이는 2016년 20% 수준의 높은 영업이익을 실현했고 2017년에도 거의 같은 수준을 유지하고 있다.

삼성전자도 91년 이후 토요타의 연수를 마치고 가장 중요한 것으로 취한 것이 1등의 가치를 만드는 먼저하는 스피드였다. 오늘날과 같이 시장 상황과 가격이 급변하는 시기에는 신속하게 모든 조직이 소통하고 한몸이 되어 대응하는 속도와 유연성이 경쟁력의 핵심이 되고 있다. 바로 경영혁신을 추진함에 있어서 이러한 소통 프로세스를 재 구축하는 것은 매우 중요한 과제이다.

다섯째로 외부의 전문가를 잘 활용하는 것도 중요한 능력이다. (Use of external Expert)

열린 혁신(오픈 이노베이션)이란 말이 있다. 워낙 변화가 빠르다보니 내부의 인적자원으로 느긋하게 개발을 하는 스피드로는 변화의 시대에 살아남지 못한다는 말이다. 따라서 적절하게 외부자원을 활용하는 것은 중요한 생존전략이다. 최근에 연구개발비를 많이 들인다고 반드시 앞서가는 기업이 되지는 못한다는 사실은 많은 사례에서 알 수 있다. 기술의 M&A나 외부 전문가의 활용이 당장은 비싼 비용이 드는 것 같아 보이지만 길게 보면 개발기간을 획기적으로 줄여 오히려 싸게 들고 실패비용을 줄일 수도 있다. 이때 외부 전문가의 조언을 듣거나 주기적을 건강진단을 하듯이 냉철한 진단을 받아야 하지만 이것이 전부가 되어서는 안된다. 내부적으로 적당히 타협을 해 만든 목표는 아닌지 자체적으로 좁은 시야로 보아 놓친 부분은 없는지 확인하는 도구로서 활용해야 한다. 이 과정 속에서 중요하게 염두에 두어야 할 일은 내부 전문가를 함께 양성하는 일이다.

혁신리더 양성 활동은 변화를 주도할 강한 인재를 양성하는 방법론으로 도전적 목표를 신속하게 달성하며 구성원에게 성공체험을 안겨주는 교육이다. 대부분의 기업에서 종업원들은 객차와 같이 끌려가는 모습을 보게 된다. 시켜야 하고 변화를 두려워하며 저항하는 브레이크가 많았다. 하지만 3만 달러에 들어선 한국은 끌려가는 인재집단으로는 생존이 불가능하다. 앞에서 스스로 이끌고 가는 기관차를 만들어야 한다. 미래가 불투명해졌고 2018년은 미국의 자국우선정책이나 높은 수입관세 부과문제 그리고 금리 인상과 원고의 진행으로 경기가 더 나빠질 수 있다는 예측이 현실화되고 말았다. 앞으로 더 치열한 경쟁을 견뎌야 하는 기업이 반드시 실행을 해야 할 생명줄 하나를 발견하였다. 바로 명확한 미션을 가진 혁신리더라는 변화를 이끄는 기관차를 양성하고 그들을 통해 혁신을 가속화하는 것이다.

3.8 경영을 바꾼 혁신특공대 인재육성 사례

14개의 기업을 대상으로 혁신특공대 육성교육을 한바 있다. 대기업 중심의 교육에서 느낄 수 없는 문제를 중소기업에서 접하게 된다. 우선 빈약한 자금의 문제와 잦은 이직율이 눈길을 끌었다. 당장 이직율이 높은 기업의 경우 품질안정이 안되어 모기업에서 문제기업으로 지목이 되는 일이 6개월간 빈번하게 일어나기도 했다. 교육을 받던 중에도 모기업의 품질 문제로 불려가는 일이 다반사였다. 교육보다는 당장의 문제 해결에 목숨이 걸린 곳이 중소기업이었다. 더더욱 인재 풀이 빈약한 중소기업은 모두가 나양한 기능을 가져야 하는 것은 당연하다. 그래서인지 그들에게는 대기업의 20%도 안되는 년간 2일 이내의 교육의 기회가 있는 정도였고 현장의 직원들은 처음으로 교육을 받는다는 경우가 대부분이었다. 그러기에 중소기업과 대기업에 근무하는 사원들의 빈부격차가 갈수록 커지는 것은 입사 이후 교육의 기회차이에서도 있음을 알게 된다. 역시 기업의 핵심경쟁력을 만드는 것은 사람임을 다시 확인하는 기간이었다.

"혁신하겠습니다." 혁신특공대원들이 교육진행 시작과 성과발표를 할 때마다 인사하며 외치도록 했던 구호다. 중소기업에 불황돌파의 힘을 기르기 위한 6개월간의 혁신특공대 양성교육 과정은 "강한 경쟁력의 제조 현장 만들기와 영업이 되는 현장 만들기"가 주제였다. 이름과 같이 그들은 현장의 문제 해결을 위한 특별훈련을 받는 것이었다. 모두가 온힘을 다해 과제수행을 끝낸 혁신특공대원들 모두 자신감이 넘쳐흘렀다. 이들에게는 모두 혁신사관학교에서 수여하는 "KAIZEN LEADER 1급"의 자격증이 주어졌다. 또한 각자의 소속 기업 사장님과는 승진의 우선권과 자격수당 그리고 향후 혁신활동을 주도할 수 있게 지원을 하도록 약속도 받았다. 결국 그들이 성과를 내며 성장하고 대우를 받도록 만드는 것이 중요했다.

중소기업은 낮은 인건비 탓이 크긴 하지만 양질의 인력부족으로 성장의 동력을 만들지 못하는 게 현실이다. 또한 인력의 여유가 없으니 사람을 빼내 제대로 교육을 시킬 수도 없는 상황에 놓여 있다. 이번 교육 사례기업은 LS산전에서 대중소상생협력 지원사업으로 시작이 되었다. 협력기업을 강력한 성장의 파트너로 만들기 위한 특별한 혁신인재 양성프로그램으로 제안하여 시작된 것이다.

6개월간 혁신특공대원의 교육은 대원들에게는 매우 큰 희생을 요구하는 것이었다. 중소기업의 현실을 반영하여 주로 토, 일요일과 같은 휴일에 교육이 실시되었다. 교육의 내용은 의식혁신과 함께 2달간 혁신을 실행하는 방법을 체득하기 위해 TPS, IE, TQC 등 이론적인 개선의 기법을 익혔다. 이어서 2달간 자신들의 현장에서 문제와 낭비를 찾아내고 즉시 개선하는 즉실천 훈련을 하고 우수한 기업의 벤치마킹을 실시하였다. 마지막으로 2개월간은 달성할 이상적인 모습을 그려내고 컨설턴트의 지도를 받아가며 선정된 현장과제를 신속하게 즉 개선하며 성과로 연결하는 활동을 실시하였다.

대원 모두는 교육을 받으면서도 대체 인력이 없어 자신이 할일은 하며 혁신활동을 해야 하니 개인적인 희생과 노력은 너무나

켰다. 초기에 38명으로 시작한 특공대원은 결국 5명이 중도 탈락하고 33명이 최종 수료할 정도로 6개월은 긴 기간이었다. 하지만 그들의 신분은 회사의 어려움을 돌파하는 특수 임무를 띤 특공대원으로 의무감이 넘쳤다.

6개월이 지나 수료를 하면서 "배우고 자신이 성장하는 것에 큰 기쁨이 있었습니다" 승화일렉트론의 임주성 특공대원의 소감이다. 특공대 양성과정에서 얻은 실행성과의 발표에서 최우수 혁신성과 기업으로 선정이 된 새한전자의 정순일 사장은 "혁신은 이제 시작이라 생각한다. 혁신특공대는 중소기업의 한계를 극복하는 좋은 인재육성의 방법으로 검증을 받았다. 2차에 걸쳐 7명의 혁신특공대를 키웠지만 내년에도 더 높은 목표를 향해 도전할 3차의 특공대 양성에 투자할 것이다"며 새한전자의 핵심인재를 키우는 방법론이 되었음을 강조한다. 산전정밀의 최신남 사장은 "혁신인재양성은 꼭 필요한 경영개선의 방법이 되었다. 혁신없이는 도태된다. 올해만으로 그쳐서는 안된다. 내년에도 혁신특공대의 계속 양성에 투자를 할 것이다"고 선언하였다. 모기업인 LS산전의 임원은 "처음 시작을 할 때까지는 잘 될까 걱정을 했지만 이번 발표를 듣고 좋은 성과를 내 여러분에 감사하고 너무 기분이 좋다"고 평가하고 "이제는 품질은 "0"에 도전한다"고 생각하는 자세로 임해주고 LS산전에서 고치고 새롭게 개선할 문제가 있다면 주저없이 요청도 해 달라"며 고객입장에서 주문하였다. 협력기업과 인재육성지원을 통한 진정한 상생의 장이 펼쳐지고 있었다.

중소기업의 변화를 이끌 혁신특공대 양성으로 사상의 마인드를 가지고 스스로 현장을 보고 바꾸는 사람이 생겼다는 사실이다.

그들은 애사심과 자부심이 넘치고 기업을 빠르게 변화시켜 앞서게 만드는 주인공이 되었다. 이제 높은 목표를 설정하고 핵심문제의 해결을 통해 높은 성과를 신속하게 도출하는 훈련된 특공대원이 많은 기업이 생존하고 앞서가는 기업이 될 것이라는 확신을 하게 된다.

양성된 인재가 떠날 것을 우려하며 인재양성을 미룬다면 이제는 기업자체 생존을 걱정해야 할 것이다. 특공대원 양성의 과정에서 얻은 교훈은 경쟁력의 핵심인 변화와 혁신의 속도를 올리는 "숙련된 실행인재 만들기"가 중소기업의 사장이 해야 할 핵심 업무라는 사실을 깨달은 것이었다.

경쟁력은 기업 구성원인 인재수준 만큼 올릴 수 있다. 역시 물건 만들기는 사람 만들기였다. 중소기업 스스로 고객의 만족 요소를 만들어내 높은 생존 목표를 설정하며 도전하는 노력이 필요하다. 이것의 구체적인 대안이 변화를 이끌 혁신특공대원과 같은 변화 도전형의 핵심인재를 만드는 일이 될 것이다.

혁신특공대는

1) 사장의 마인드로 회사의 원가, 납기, 품질의 문제를 바라보고 해결하는 인재
2) 지속적으로 사업분야에서 1등의 목표를 설정하고 회사의 변화를 주도하는 앞서가는 열정과 자신감이 넘치는 인재("즉시한다. 반드시 한다. 될 때까지 한다"는 미션이 있는 자)
3) 고객이 현장에 찾아 왔을 때 훈련된 그들이 자신감 있게 회사를 소개하며 고객의 신뢰를 얻게 만드는 미션을 구체적으로 수행하는 인재를 말한다. "영업이 되는 현장 만들기"는 기본 미션이었다.
4) 훈련기간은 6개월로 매월 4~5일씩 이론교육과 현장의 즉실천 개선교육을 실시한다.

3.9 경쟁력 있는 현장 만들기

현장인의 능력을 올리고 낭비를 제거한다.

종업원은 하루 중 가장 좋은 시간대를 회사에서 사용하고 있다. 회사는 종업원이 제공하는 귀중한 시간을 가치있게 잘 활용해야 하는 권리와 의무가 있다. 그들이 행하는 작업을 동작 단위로 잘 분석해보면 일과 낭비로 구성되어 있다. 일이라고 하는 주기능은 고객에게 가치를 제공하고 있는 것이고 낭비라는 손실기능은 원가만을 올리는 것이다. 그러면 고객가치는 어떻게 만들까?. 그것은 일하는 작업자의 기능에서 나온다. 따라서 토요타에서는 작업자를 기능인이라고 부른다.

일반 기업의 노조에서는 성과에 관계없이 급여를 올려달라고 한다. 이유는 생활비용의 증가라고 한다. 문제는 같은 일을 하면서 능력은 오르지 않았는데 급여만 오를 때 생긴다. 이것은 작업자의 문제이지만 관리자에게 큰 책임이 있는 것이다. 그들에게 스스로 가치를 올리는 찬스를 부여하지 않으면 안 되는 것이 관리자의 임무이기 때문이다. 다능공의 육성이 필요하다. 기능인은 기능을 발휘할 때 가치가 올라간다. 기능의 향상없이 월급이 올라서는 그를 고용한 회사가 곤란해져 지속 고용에 문제가 된다. 이것을 이해시키고 기능인에게 능력을 높이는 찬스를 제공하는 것이 중요하다.

일이 없는 실업자는 "나는 일하고 싶다"라고 이야기할 것이다. 이는 자신의 시간을 사용하여 가치있는 일을 하고 싶다는 뜻이다. 그들은 회사에 나가 낭비스럽게 시간을 허비하고 싶지는 않을 것이다.

일은 고객가치를 올리는 움직임이고 낭비는 움직이며 원가는 들어가지만 부가가치가 발생하지 않는 것을 말한다. 관리자는 이것을 판단하는 눈을 가지고 일하는 사람들이 진정한 일을 추구할 수 있도록 환경을 만들고 낭비요소를 제거해야 한다.

현장의 경쟁력은 단납기, 다품종 소량생산 능력

한국이나 일본은 숙명적으로 무자원 국가이기 때문에 수입한 자원으로 경쟁력 있게 부가가치를 만들어 수출해야 살 수 있는 나라이다. 지금은 이것만으로는 경쟁이 되지 않는다. 이미 제조력 부분에 강력한 경쟁력을 보유한 중국이 제조업의 맹주로 자리를 잡았다. 일본은 그동안 많은 기업이 저임금·고품질의 생산이 가능해진 동남아로 떠났지만 이제는 다시 돌아오는 기업이 많아졌다. 제조업의 경쟁력이 생겼기 때문이다.

또한 인건비만 싸다고 경쟁력이 있는 것이 아님도 알게 되었다. 중국이나 동남아에서 절대적으로 약한 부분이 있다. 이것이 생존포인트가 된다.

고객의 Needs를 생각해 보면 품질과 가격 이외에 두 가지가 더 있다는 것을 깨달을 필요가 있다. 바로 단납기이다. 또 하나 있다. 바로 다품종 소량생산이다. 여러 품종의 물건을 조금씩 고객이 필요한 만큼 대응하는 힘이다. 예를 들어 같은 옷을 한 사람이 여러 벌을 사지 않는다. 다른 디자인 그리고 다른 물건이 필요하다. 다품종의 물건을 즉시 필요한 만큼 만들어 내는 힘이 중요해진 것이다.

새로운 제조기술은 다품종의 물건을 단납기와 좋은 품질로 대응할 수 있는 생산체제를 구축하는 것이라고 보아야 한다.

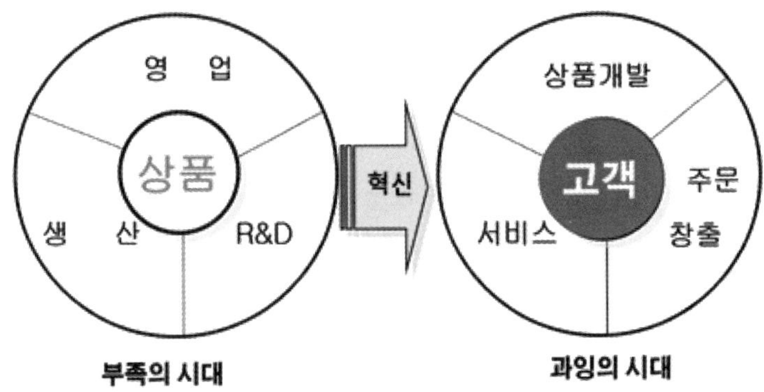

▶ 상품을 중심으로 공급하는 시대에서 고객의 만족을 중심으로 변화해야

자동차에서도 고객이 한 사람이면 한 대의 자동차를 산다. 고객마다 요구하는 내용과 성향은 다르다. 다양한 옵션으로 표준과 다른 사양으로 요구하면서 빨리 달라고 하는 것이 고객이다. 고객중심으로 다품종 소량으로 대응을 해야 하고 싸고 좋게 그리고 빠르게 만들어야 생존이 가능해졌다. 이런 환경 속에서 대응을 하고 살아남기 위해 방법을 추구하며 탄생하고 성공한 생산의 Process 혁신방법이 TPS이다.

3.10 관리자 지도력 10개조

하나.	**관리자는 Vision을 제시하지 않으면 안 된다.** Vision이란 즉시 실현하고 싶은 꿈이요, 언젠가 실현하고자 하는 꿈이다. 이것을 부문(부서)에 침투시켜야 한다.
둘.	**관리자는 선두에 서지 않으면 안 된다. 인도하는 자는 앞에 있어야 한다.** 실패의 치욕은 부하 앞에서 혼자 뒤집어 써라! 실패의 책임은 자신이 져라!
셋.	**관리자는 올바르게 일을 부여하지 않으면 안 된다.** 이것이 부하를 분발하게 하고 기쁘게 일에 임할 수 있도록 하는 지름길이다.
넷.	**관리자는 반발을 설득시키지 않으면 안 된다.** 부하의 말에 귀를 기울여 정론을 받아들이는 도량과 잘못을 가리고 바로 잡을 수 있는 힘을 가져야 한다.
다섯.	**관리자는 칭찬하지 않으면 안 된다.** 부하의 작은 성공에 기뻐하고 작은 성장을 칭찬하라!.
여섯.	**관리자는 눈물을 흘리지 않으면 안 된다.** 그 열의와 노력에 자연스럽게 눈물이 나온다면 그 때 당신은 관리자가 된다!
일곱.	**관리자는 꾸짖지 않으면 안 된다. 또한, 부하도 상사를 꾸짖지 않으면 안 된다.** 우수한 조직은 전부 꾸짖고, 꾸중을 듣는 관계이다.
여덟.	**관리자는 규율을 만들어 표명하고 이것을 유지하지 않으면 안 된다.** 규율이 느슨해지면 반드시 태만과 무책임이 만연해진다.
아홉.	**관리자는 부하를 육성하지 않으면 안 된다.** 아침, 저녁으로 이것을 행하여 부하를 육성하지 않고 어떻게 업적을 올릴 수 있는가?
열.	**관리자는 업적을 올리지 않으면 안 된다.** 이것에 따라 상사의 신뢰에 보답할 수 있고, 무엇보다도 부하의 노력에 보답할 수 있다.

D 새로운 혁신성공의 길

IoT 비롯한 신사업의 투자

AI , 미디어 , 콘텐츠 사업 영업확대

새로운 기술 , 서비스의 개발

4.1 새로운 혁신을 이끄는 연구방법 C&D와 M&D

기업의 발전을 위해서는 연구개발(Reserch & Development)은 필수다.

그런데 통상적인 기업에서는 연구개발은 자체연구소의 연구인력을 바탕으로 연구실에서 외부에 노출을 막으며 독자적으로 실행을 하는 연구방법을 택한다. 하지만 다양한 고객의 변화와 니즈를 반영하는데 실패할 가능성이 높고 고객변화 속도를 따라잡지 못하는 연구개발(R&D)이 되기 쉽다. 이를 보완한 연구 방법론이 개방형 혁신모델로 말하는 C&D(Connect & Development)이다. 외부의 기술과 아이디어를 내부의 R&D(연구개발)역량과 연결시켜 신제품을 개발하는 기술혁신모델이다. C&D 방식은 자체적으로 먼저 아이디어 기획 및 발굴은 실시하지만 자체적으로 문제의 해결안을 모두 추구하지 않고 네트워크를 통해 외부에서 해결안을 탐색한다. 해결방안을 발견하면 개발자와 연계하여 기술을 도입하고 이를 신제품 개발로 연결을 시키는 방법론이다. 연결 자체는 무료이지만 채택이 되어 매출이 오르면 수익을 나눌 수가 있다. 물론 C&D에서 개발을 전적으로 외부업체에 맡기지 않는다는 점에서 기술 아웃소싱과는 다르다. 기존 R&D가 자체 연구개발을 강조했다면 C&D는 연구개발 각 단계에서 외부 자원을 적극 활용하는 방식을 선택한다. 외부와 연구개발과정과 성과를 적극적으로 공유하는 것이 특징이다. 이것을 잘 활용한 기업이 세계1등 이익을 실현하는 애플이다. 삼성이 R&D방식으로 자체인력을 활용 앱을 개발하고 있는 동안 애플은 C&D방식으로 개발이 가능한 독자적인 플렛폼을 마련했다. 그리고 응용프로그

램의 개발은 스마트폰을 사용하는 고객들이나 수많은 전문가들이 개발하도록 했다. 애플은 이들이 개발한 우수한 앱을 채택하여 활용하는 연결방법을 사용하였다. 개발단계는 비용이 들지 않지만 채택이 되면 수익을 앱 개발자와 공유하는 것이다. 무궁무진한 아이디어가 연결이 되면서 최고의 기능성을 지닌 앱들이 살아남는 생태계를 만든 것이다. 여기서 커넥트는 무료라는 사실이다. 그래서 누구나 쉽게 접근이 가능하기 때문에 강력한 힘을 지닌다. 연결이 된 그들이 바로 소비자들이 된다. 여기서 상업적인 거래가 일어난다. 그것은 유료다. 애플의 프렛폼은 수억명이 연결이 되고 그들이 무료로 방문하는 백화점이 된 것이다. 기기를 팔면 끝이 아니라 파는 순간부터 지속적인 이익을 만들어주는 고객으로 변화된다. 알리바바도 같은 연결 플렛폼을 만들어 수많은 새로운 비즈니스를 만들고 있고 창업자 마윈은 거부가 되었다. 샤오미가 짧은 기간에 단번에 중국의 스마트폰 시장을 잡은 것도 고객과 연결플렛폼을 만든 C&D의 승리다.

하지만 이것이 끝이 아니었다. 새로운 C&D를 뛰어넘는 성장전략으로 M&D(Merger & Development)가 출현하였다. M&A(인수합병)에서 따온 말이다. M&A가 기업의 외적 성장을 위한 발전전략으로 특정 기업이 다른 기업의 경영권을 인수할 목적으로 소유지분을 확보하는 제반과정이라 한다면 M&D는 기술인수가 핵심 목적으로 기업인수를 하는 것이다.

중국의 기업을 견학하면서 이미 중국도 M&D의 사업 모델로 성장의 가속도를 내는 기업이 있었다. 바로 텐센트였다.

텐센트는 "QQ메신저"로 글로벌 콘텐츠 시장에서 1위 게임배급사가 된 기업이다. 그 동안 C&D로 "인터넷과 기존시장의 연결"로도 성장을 했지만 이제는 새로운 M&D전략을 구사하고 있었다. "인터넷과 인큐베이팅의 연결"의 사업모델로 진행하는 것이다. 상해시에 7개소에서 텐센트창업센터가 운영이 되고 있었다. 누구나 새로운 아이디어만 있으면 엄격한 실현가능성 심사를 통해 합격한 자들만 입주시킨다. 연구활동이나 상호 토론을 통한 사업화를 만드는 장을 텐센트가 제공하는 것이다. 물론 무료가 아니다. 더더욱 정부지원도 없다. 좁은 사무실에서 다른 참여자들과 함께 오픈된 공간에서 400명 정도가 연구를 진행하고 있다. 입주자는 서로 많은 토론이나 협업이 가능한 것이 특징이다.

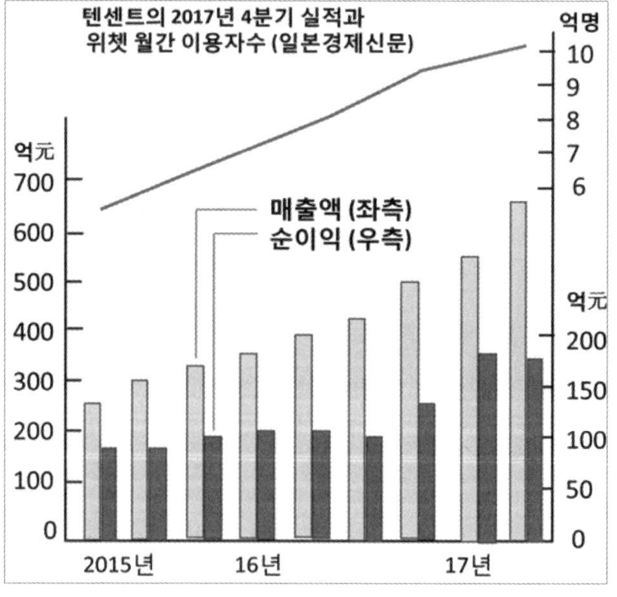

▶▶ 텐센트의 사업실적 추이 그래프 (일본경제신문 2017.11.16)

매달 1인당 4백 위엔 정도이지만 입주비와 관리비명목으로 돈을 내야 한다. 관리자 인건비와 사무실 임대비와 관리비란다. 3개월, 6개월, 1년 단위로 매번 지속 입주의 자격 심사를 한다. 아이디어가 실제 적용이 가능한지가 중요하다. 설비가 필요시에도 물론 자기가 스스로 부담한다. 사업성이 검증이 되기까지 환경만

조성해주지 비용은 스스로 해결하도록 한다. 좀비가 존재 하지 않는 이유이고 전력을 다해 노력하는 이유다. 텐센트가 함께하는 존재이유는 중요한 역할이 있었다. 그들이 중국 최고의 텐센트 플렛폼에 들어오게 하는 안내와 가이드를 해준다. 연구방법을 코칭하고 상품성이 있게 만드는 아이디어를 보태는 역할을 한다. 그리고 주기적인 심사를 통해 필요시 텐센트만이 아니라 외부의 투자자를 즉시 연결을 해주는 플렛폼의 역할도 한다. 국가나 텐센트에서 돈이 전혀 들지 않는 시스템이다. 운영 책임자는 연구개발이 진행되는 사무실을 안내하며 너무 반응이 좋아 금년에만 상해에 23개가 더늘어 30개가 될 것이라고 말한다. 텅텅비는 변두리의 낡은 사무실을 싼 값에 임차하여 내부만 일부 개조해서 사용하니 비용은 적게 든다. 이를 통해 창업의 불길을 대단하게 만들고 있다. 대학의 인큐베이팅이 아닌 일류기업에 입성하는 창업인큐베이팅이기에 더욱 가치가 있고 인기가 높다. 한국인도 입주를 희망한다면 같은 조건으로 입주가 가능하다고 말한다. 물론 30대 1이 넘는 경쟁에서 합격이 되어야 하지만...

M&D 전략이 성장의 속도에 얼마나 영향을 주는지 알 수 있는 것은 텐센트가 이루고 있는 성과이다. 텐센트는 2018년 초 현재 아시아 기업중에 1등의 주가시가총액(4,933억 달러)을 자랑한다. 전년 대비 110%의 성장이 놀랍다. 사상 최대의 매출과 이익을 만

든 삼성전자의 시가총액 3,428억 달러보다 40% 이상 높다.

한국은 일자리 창출과 중소기업지원시책사업으로 각 지역마다 대기업의 지원을 받아 조금은 호화스럽게 17개소에 창조경제혁신센터를 만들어 운영하고 있다. 중소기업이 특허기술을 이전 받아 사업화하는 것을 중심으로 C&D수준에 머물기에 아쉬움이 남는다.

창조경제혁신센터는 대기업이 필요한 오픈이노베이션을 추구하는 아이디어 발굴의 장으로 만들어야한다는 생각이다. 삼성전자에서 사내 벤처를 운영하듯이 범위를 넓혀야 한다. 사외벤처 플렛폼을 만들어서 아이디어가 있으면 누구나 심사를 거쳐 대기업의 인큐베이팅센터에 자신들이 스스로 비용을 지불하며 입주하면 어떨까 한다. 여기서 연구하는 것을 대기업이 관찰하면서 코칭하고 성공가능성이 높으면 대기업이 M&D하는 방법이나 텐센트와 같이 개발된 기술을 필요로 하는 기업에 소개해주는 것이다. 그들이 사업을 하도록 하는 것도 좋지만 사업성이 있는 아이템을 들고 대기업에 책임자로 입사를 하게 하여 협업하는 것도 필요하다. 이제 대기업에 외주를 받아 물건을 납품만 하는 것이 아니라 대기업의 코칭을 받으며 자유롭게 기술을 개발하고 아이디어를 창출하여 납품하는 기업도 필요한 시대이다. 사업은 종합적인 경영능력을 가진 사람이 하는 것이 실패의 확률을 낮출 수 있다. 기술을 가지면 누구나 사업을 할 수 있는 것으로 착각을 한다. 수많은 벤처기업들이 3년 이내 62%가 무너지는 이유가 기술은 있지만 이익을 창출하는 사업능력이 없고 특히 지속적인 개발투자에서 경쟁기업을 이기는 것이 어렵기 때문이다. 연구원들이 좋은 기술이 있다고 해서 기업을 만들어 성공시키기는 더욱 어렵다.

4.2 고객의 매력요소 IBCD 만들기

21세기에 들어오면서 공급자가 우대를 받는 물건부족의 시대는 끝이 났다. 공산품에 관한 한 물건의 부족이 아닌 과잉의 공급으로 몸살을 앓는다. 많은 기업에 가보면 분명히 경기가 좋지 않다고 말한다. 하지만 일부 자동차 부품부문은 경쟁력이 높아지면서 해외 수출 물량이 증가하면서 호황을 누리고 있다.

그런데 내수중심의 2차벤더 수준의 협력기업들은 상황이 다르다. 대부분 기업이 적자다. 교육이나 컨설팅을 담당하는 필자로서는 처음에는 이해를 할 수 없었다. 교육을 할 수 없을 정도로 바쁘고 잔업은 기본이고 철야와 특근으로 지쳐가고 있을 정도인데 왜 적자일까? 여기에 대한 해답을 얻는데 그리 시간이 걸리지 않았다. 기존의 생존방법인 품질을 좋게 하고 가격을 싸게 하며 납기의 절대 준수 등과 같은 기본적인 방법만으로는 절대 이익을 낼 수 없는 구조임을 알았다. 중국이나 베트남의 단가를 이길 수가 없는 것이다.

이러한 기업에는 일류인재가 오지 않고 머물러 주지도 않는다. 능력있는 인재들이 진정으로 몰입할 일이 없는 것도 사실이다. 청년 실업자가 많다고 하지만 급여나 복리후생 면에서까지 매력이 없으니 관심도 없다. 사실 급여를 높여주고 싶지만 불가능하다.

대기업의 그늘 아래에서 우물 안 개구리로 안주하던 기업들은 시대의 변화를 분명하게 읽어야 한다. 이제 저임금에 의지해 생존하던 기업은 중국에서도 끝이 나고 있고 최저임금이 급속하게 오르는 한국에서는 더더욱 살아갈 방법이 없어지고 말 것이다.

한국의 국민소득 3만 달러라는 수준은 외형적으로는 선진국이란 뜻이다. 소득의 수준이 오르면서 많은 변화가 일어났다. 1만 달러 이하의 시대에 존재하던 쌀을 팔던 가게는 없어졌고 계란을 파는 방법도 달라졌다. 계란 크기뿐만이 아니라 친환경, 무항생제등과 같이 상품에 콘텐츠를 가미하면 가격도 다르게 팔린다. 같은 제품으로 보이지만 컨텐츠를 담은 친환경이라는 쌀이 등장하고 오리농법, 무공해 농법에 의해 만들어진 쌀이 브랜드를 붙여서 높은 가격에 팔린다. 여기에 혁신의 힌트가 있다.

이제 기업은 3만 달러의 시대에 맞는 생존 방법으로 변화를 모색해야 한다. 해답은 치열하게 경쟁하는 좋은 품질, 낮은 가격, 납기준수와 같은 기본 요소가 아니라 매력이라는 생존의 키워드를 기본요소에 더하는 것이다. 자사만의 경쟁력과 차별화를 만드는 매력요소가 필요해졌다. 바로 I.D.B.C(아이디어, 브랜드, 디자인, 콘텐츠)로 요약을 할 수가 있다.

첫째로 새로운 개선아이디어를 만드는 연구개발은 생존의 필수조건이다.

연구개발을 할 수 있는 돈이 없다고 핑계를 대서는 안 된다. 자체적인 연구개발 없이 돈 버는 기업은 이제 사라지고 있다. 동남아에 나가서 생산을 해도 현지기업들과 원가경쟁이 되지 않아 무너지고 있다. 정식으로 연구개발 부문을 둘 수는 없어도 최소한 전사원이 아이디어맨이 되도록 제도화해야 한다. 일본의 강소기업인 미라이는 공장 곳곳에 “항상 생각하라”라는 표어가 말하듯이 전 사원이 아이디어를 만드는 “움직이는 연구소”가 되어있기에 불황에도 높은 이익을 내고 있는 것이다.

미후네 우매무라회장은 매일같이 전 사원이 새로운 발상으로 현장 개선을 지속해주지 않으면 지금과 같이 토요타에서 요구하는 매년 두 번씩 1% 이상 단가를 깍아주면서 6%가 넘는 영업이익을 낼 수 없었을 것이라고 말한다.

둘째로 우리가 만드는 제품에 디자인을 장착해야 한다.

물건이 부족하고 못살던 시기에는 디자인은 사치였다. 하지만 이제는 과잉 공급의 시기에 디자인은 고객의 선택을 좌우하는 매력의 필수요소이다. 고급 음식점은 요리와 그릇이 함께 셋트로 디자인하여 개발이 된다. 음식에 맞추어 조명의 분위기도 함께 디자인한다. 향기와 음악도 디자인한다. 따라서 비싸지만 매력에 끌려 고객이 찾아온다. 경제적으로 여유가 있는 시대이기에 좋은 기능과 싼 가격이 아닌 품위와 매력을 더 중시하는 시대가 되었다.

삼성전자는 후쿠다보고서에 의거 촉발된 1993년 이후 신경영의 시작은 디자인 혁신이었다. 디자인경영을 통해 유럽의 와인문화를 융합하여 만든 보르도TV와 같은 히트제품을 만들며 세계적인 기업으로 우뚝섰다.

셋째로 이미지를 좌우하는 자체 브랜드를 만들어야 한다.

좋은 품질이나 기업의 이미지는 브랜드로 표현을 하게 된다. 대기업의 그늘에서 물건 만들거나 서비스를 제공하면서 인건비를 받는 구조에서는 브랜드는 필요가 없었다. 그러나 이제는 브랜드를 가진 그들을 위해 열심히 잔업 특근을 하면서도 이익을 낼 수는 없는 상황에 몰리고 있다. 교토식경영 기업으로 유명한 일본전산은 철저하게 부품 기업이지만 자체브랜드를 작은 규모일 때부터 중시했다. 일본에서 선입관으로 안통하면 해외에서 먼저 브랜드의 인정을 받아 국내로 진입을 해 큰 성공을 거두었다.

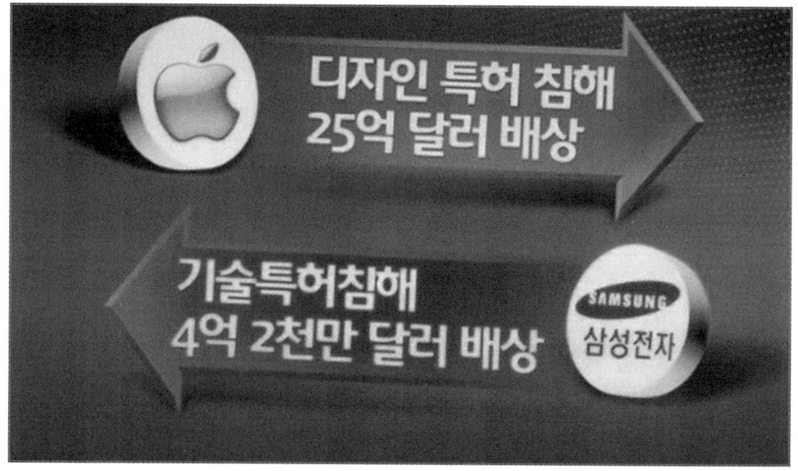

▶▶ 디자인과 기술의 중요성을 나타내는 상호 특허 침해 배상금 청구액 규모

넷째로 물건에 콘텐츠(스토리)를 가미해서 팔아야 한다.

단지 영양이 있는 계란이 아닌 기능식품으로서 계란의 효능을 팔아야 하고 쌀 그 자체만이 아닌 쌀이 생산되는 유기농스토리를 함께 제공하며 건강을 팔아야 한다. 호텔의 침대를 팔지 말고 누가 그 침대에서 잠을 잔 유명한 스타들의 스토리와 그들이 꿈을 꾼 이야기를 팔아야 한다. 롯데호텔의 직원혁신교육을 하면서 왜 침대만 팔고 있는냐고 말한 적이 있다. 그들은 광고 모델인 배용

준이라는 스타를 방에다 재우며 그가 하루밤을 보내며 생각하던 이야기와 애착을 갖고 만지던 도자기와 함께 사진을 찍었다. 그리고 그 사진을 방에다 걸고 그 방은 프리미엄을 붙인 숙박금액으로 판매를 했다. 결과 일본 여성 관광객들에게 아주 인기있는 최고의 특별 방으로 소개되며 언제나 매진이 되는 성과를 얻었다.

제품을 팔면서 기업의 이미지를 함께 넣어 믿음과 안심을 더해서 팔아야 한다. 단지 길을 걸으며 여행을 하게 하는 것이 아닌 그 길을 통해 많은 사람이 어떠한 부분에서 영감을 얻어 성공하였음을 스토리로 만들어 이야기해 주어야 한다. 그러면 전혀 다른 가치를 만들고 색다른 여행의 재미도 던져준다. 생산제품도 이제는 만들어진 결과물만이 아닌 생산의 과정을 스토리로 만들어 함께 팔아야 한다. 어떠한 인물이 또는 어떻게 만들었는가에 의해 가격은 전혀 달라지기 때문이다. 케논에서 카메라를 명장이 수제식으로 직접 만든 것으로 매년 500대 한정 판매를 하였는데 즉시 예약 매진이 되었다고 한다. 가격은 두배가 되는데도 말이다. 같은 물건이지만 소중한 스토리가 있으면 가치가 전혀 달라진다. 고객은 이제 물건이 아닌 물건에 담긴 스토리가 함께 할 때 더 매력을 느낀다

이제 한국에서 3만 달러의 시대를 맞이하는 한국의 기업은 생존의 방법이 달라져야 함은 분명하다. 상품의 기본 요소인 Q, C, D가 아닌 I, B, C, D라는 매력 요소로 경쟁력을 만들어야 한다. I, B, C, D는 Only.1을 추구하는 도구이며 당연히 No.1을 확보하는 21세기 제조와 서비스기업이 반드시 가야하는 생존의 길이다.

4.3 혁신성공을 위한 기본실천 I = C × D × S

2011년 10월 5일 세계적인 혁신의 아이콘인 스티브잡스가 세상을 떠났다. 너무나 아쉬움이 가득한 인물이다. 그는 애플에 5년 후까지 전개해 나갈 신제품 전략과 혁신방법을 제시했다고 하니 다시 놀라게 된다. 그는 혁신의 아이콘이었다. 혁신1.0세대는 물건 부족시대에서 공급자 중심의 부가가치 창출을 위한 새로운 기능의 상품개발이 핵심이라면 혁신2.0 세대는 공급과잉의 시장에서 고객중심의 매력을 만드는 차별화된 아이디어, 디자인, 콘텐츠, 브랜드가 핵심 키워드였다. 그런데 스티브 잡스는 혁신3.0의 시대를 열었다. 애플이 만든 멍석에서 고객들이 서로 연결이 되어 상호 소통하는 NETWORK의 바탕 위에 "고객들 니즈에 맞는 콘텐츠나 상품을 고객들 스스로가 창출해내는 혁신 실행의 구조"를 만든 것이다. 그러면서 고객들은 애플에게 커다란 부가가치를 안겨주고 있다. 애플은 많은 돈을 들여가면서 스스로 개발을 할 필요가 없어진 것이다. 애플은 적은 투자로 어플리케이션 개발자들이 뛰노는 멍석 관리만 하면서도 혁신이 지속이 되고 고객들은 애플에 즐거운 환호를 보낸다. 고객들이 애플교의 신도가 되고 자부심을 느끼게 만든 것이다. 스티브 잡스가 세상을 떠났을 때 국경을 넘어 전 세계 신도들이 애도하는 진풍경이 벌어진 것은 당연하다.

기업에서는 지속적인 혁신 없이는 생존은 어렵다. 혁신성공을 위해서는 3가지를 갖추어야 한다.

"혁신성공 = 창조력 × 실행력 × 스킬력"의 공식이다.

이익을 실현하는 혁신성공의 핵심 씨앗은 차별화와 매력을 만드는 원천인 창조력(Creation)이다. 그리고 이를 실행하여 성과로 연결을 시키는 실행력(Doing)이 중요하다. 하지만 단지 실행으로 혁신이 성공하는 것은 아니다. 하나가 더 추가가 되어야 한다. 바로 끈질긴 반복을 통해 가장 잘하게 되는 단계에 이르는 스킬(Skill)이다. 여기서 혁신성공 요소 3가지는 곱의 관계이다. 따라서 하나라도 제로가 되면 이익으로 표현되는 혁신성과는 제로가 된다. 각 요소별로 구체적인 실행방법을 살펴보면,

첫째 요소는 Creation : 조직 속에 DNA로 창조력을 심어야 한다.

기업에서의 창조란 일반적으로 “새롭고 유용한 그 무엇을 만들어내는 활동이나 행위”로 정의를 한다, 여기서 그 무엇이란 제품이나 홍보 마케팅, 상품의 디자인, 서비스, 일하는 방식을 말한다. 창조는 새롭게 기존의 틀을 깨는 사람의 상상력으로 시작이 된다. 한국은 국민소득이 3만 달러에 달해 모방하면서 따라갈 네비게이터가 사라졌다. 이제 한국은 개발도상국이 아니다. 선진국이 된 것이다. 추격이 아니므로 안개 속에서 스스로 방향을 설정하고 깨달아 나가야 한다. 새로운 Concept을 개발해야 하고 상상력과 창조력이 중요해질 것이다.

창조적인 기업으로 유명한 일본의 미라이공업은 중소기업이지만 매일 신제품이 나온다. 그런데 개발자는 몇 명이 안 된다. 그들이 많은 신제품이 나오도록 만든 방법은 간단했다. 전 사원을 개발자로 만든 것이다. 그래서인지 기존의 틀을 깨는 훈련을 많이 한다. 전 사원 의 단체 해외여행을 하더라도 미스터리 여행으

로 만들어 모두에게 다른 체험의 미션이 주어지고 색다른 모험과 창조적인 발상을 하는 계기를 제공한다. 이것은 3천 종이 넘는 제품의 개발을 할 때 힌트로 연결이 되어 왔다. 그들은 창조력은 현장에서 잘 발휘가 됨을 보여준다. 먼저 현장에서 고객의 불만, 불편, 불안이란 3불에서 착안을 한다. 개발자들이 개발실에서 연구하는 것이 아닌 작업하는 현장에 가서 함께 일을 도우며 점심시간에는 그들이 불편하다고 말하는 내용을 잡아낸다. 그리고 불편을 해소하는 공구나 도구를 만들면 그것이 바로 신제품이다. 고객의 문제나 불만을 만족으로 바꾸는 창조는 현장에서 활발하게 일어날 수 있다. JIS 규격에 있는 쥐색 파이프로 시공을 하고 나중에 아이보리색으로 다시 페인트를 칠하고 있는 것을 본다. 아이보리색 파이프는 JIS규격에 없었다. 그래서 규격 외의 제품이지만 현장의 불편을 해결하는 과정에서 아이보리색 파이프제품을 미라이공업이 처음 만들었다. 그리고 고객이 규격 외 제품을 사용하는 불안감을 해소시키기 위해 노력, 결국 JIS 표준으로 채택이 되는 성과도 만들어냈다. 창조력은 특정인의 전유물이 아니다. 누구에게나 열려있는 재능이다. 따라서 다양하게 현장에 다가가 경험을 늘리고 새로운 관점에서 생각하게 하는 것이 중요하다. 모두가 항상 생각하는 문화가 가져다주는 성과는 년간 휴일 140일이 넘어도 높은 이익을 내며 생존하는 기반을 만들었다.

근무시간을 줄여야 하는 우리가 한 번 짚고 넘어가볼만한 사례이다.

둘째 요소로 Doing : 실패를 두려워 않고 도전하는 실행력이 따라야 한다.

상상만 하며 살고 있는 이들은 창조맨이 아니라 공상(空想)맨들이다. 책상에 앉아서 상상만하는 "공상맨들의 놀이터"만 되어서는 기업은 존재할 수 없다. 상상으로 얻은 씨앗에 실행을 더해야 한다. 상상만으로 이룰 수 있는 것은 아무것도 없기 때문이다. 우선 시작이 중요하다. 그러면 보이기 시작하고 도움을 주는 사람도 생겨난다. 혁신사관학교를 운영하면서 아직도 의식혁신을 위한 가장 좋은 영향을 주는 교육이 몸을 쓰는 모랄(Morale) 훈련임을 절감한다. 교육의 핵심은 목표에 대한 도전과 열정을 키우는 것이다. 창조적인 아이디어에 대한 실행도전은 90% 이상 실패를 하는 위험이 따른다. 그래서 실패가 두려워 도전을 하지 않는다. 반대하는 자들은 왜 실패할 일을 하느냐고 대든다. 그들의 말이 90%는 맞는 말이다. 하지만 실패가 두려워 도전을 하지 않고 무엇을 이룰 수 있는가? 10%의 성공 확률이지만 이때가 가치가 있다. 90%가 성공을 할 수 있다면 하지 말아야 한다. 누구나 할 수 있는 것으로는 이익을 낼 수는 없다. 창조시대에는 맨 처음 시도하는 것이 얼마나 값진 것인가를 알아야 한다. 창조적인 아이디어의 탄생에서 주목할 점은 그 아이디어가 처음 제시될 때는 누구도 쉽게 찬성하지 않는다는 사실이다. 따라서 도전에 앞서 실패를 인정하고 권장하는 기업문화를 만드는 것이 중요하다. CNN 테드 테너 회장은 "혁신적인 아이디어를 제시할 때 사람들이 비웃지 않는다면 그 아이디어는 좋은 것이 아닐 확률이 높다"

고 말했다.

셋째 요소로 Skill : 반복으로 높은 기능이 붙은 프로가 이익을 만든다.

스킬이란 반복을 통해 창의적인 아이디어를 가장 잘 실현하는 능력이다. 단지 실행할 수 있는 수준만으로는 아마추어다. 할 줄은 알지만 이익을 내지 못한다. 그들은 전념하지 않기 때문이다. 모든 것을 걸고 가장 잘하는 수준이 필요하다. 프로는 직업적으로 1등을 목표로 전념을 하는 사람들이다. 그리고 프로는 이겨야 돈을 번다. 야구나 골프 프로들도 경기에서 이기는 것이 아주 중요하다. 사업이 지속성을 가지려면 이길 수 있는 가장 잘 해내는 스킬력이 중요하다. 일명 노하우로 표현을 하기도 한다. 반복을 하면서 지혜가 생긴다. 한국이 중국을 이기는 방법은 스킬력에서 찾아야 한다. 먼저 하면서 쌓인 스킬력으로 차별화하여 품질을 높인 결과 메이드인 코리아라는 브랜드로 좋은 평가를 받을 수 있다. LG 그룹에서 매년 열리는 스킬올림픽은 각 분야에서 가장 잘하는 B.P(Best Prectice) 방법을 찾아 자랑하고 이를 시상하는 대회로 스킬의 중요성을 대변하는 좋은 사례다.

혁신은 이익을 낸 성과로 말하는 것이 중요하다. 결국 창조력으로 씨앗을 만들고 이를 땅에 심는 실행력 그리고 가장 잘 가꾸는 스킬력으로 완성이 된다. 이것이 결과적으로 이익이란 열매를 가져올 때 혁신성공이라는 표현이 가능하다. 이익을 실현하지 못했다면 혁신은 실패를 한 것이다. 이제 한국은 “가격이 싸고 품질이 좋은 것”을 만드는 것만으로는 부족하다. 많은 교육과 경험을 통해 얻은 지식을 융합하는 것이 중요하다. 창조력을 발휘하고 세련된 기능으로 물건을 만들어 비싸지만 고객에게 차별화된 가치를 제공해야 한다. 이것은 기업의 규모에 관계없이 맞이해야 할 다가온 선진국에 접어든 한국기업의 생존조건이 되었다.

4.4 창조시대 인재 육성의 중요성

한국은 이제 덩치로는 선진국에 와있다. 더더욱 무역의 규모도 다시 1조 달러에 달하며 당당히 세계 7위 국가가 되었다. 1988년 하계 서울하계올림픽 2002년 월드컵, 2018년 평창 동계올림픽 등을 성공적으로 치루며 당연히 국제적인 위상은 오르고 한국을 모르던 대부분의 국가에서 이제 한국을 잘 아는 나라로 인식을 해주고 있다. 해외에 나가보면 길가에 LG와 삼성, 현대자동차의 간판이 자랑스럽게 많이 보인다. 한국이 열정 넘치고 참으로 잘 살며 매력 있는 국가로 인정을 해주는 기분 좋은 일도 많아졌다.

이것은 어느 날 갑자기 이루어진 것은 아니다. 스마트폰, 반도체와 LCD 분야에서 세계 1위의 브랜드력 있는 삼성이나 LG 그리고 세계 5대 자동차 기업에 오른 현대자동차와 같은 경쟁력 있는 기업들이 이루어 놓은 업적이기도 하다. 그리고 젊은 세대에서 세계적인 인물이 많아지고 있기 때문이다. 골프에서 박인비, 박성현과 같은 젊은 여자선수들이 세계적인 명성을 만들고 있고 하버드대학과 같은 곳에 이제 일본인보다 많은 수의 인재들이 교육을 받고 있다. 한국의 인재들이 저력을 보여주고 있고 미래의 힘도 만들고 있는 것이다.

세계는 제3의 물결이라 불리던 "정보와 지식혁명"의 시기를 지나 제4의 물결인 "창조와 매력의 시기"에 와 있다. 이제까지의 경쟁력은 가격이 싸고 적기에 제공하는 좋은 품질의 제품이었다. 하지만 지금은 다르다. 매력이 경쟁력이다. 가격이 싸다는 것도 매력이 되지만 물건이 넘쳐흐르는 과잉의 시대인 지금은 가격만으로 고객을 만족시키지 못한다. 비싸도 고객에게 선택받는 독특한 매력 있는 제품만이 팔린다.

창조시대는 생산과 서비스의 제공방법도 달라졌다. 물건 중심이 아니다. 물건이나 서비스에 새로운 아이디어를 붙여야 하고 브랜드와 디자인 그리고 콘텐츠를 가미하는 것이 핵심이다. 창조시대에는 물건만드는 공장이 생산의 중심에서 물러가고 사람이 생산의 중심이 되어가고 있다. 사람의 머리로 매력적인 콘텐츠를 만들고 디자인, 브랜드를 만들고 새로운 개념(Concept)을 설계하고 기술특허를 개발한다. 사람이 있는 그 곳이 바로 생산하는 곳이고 사람의 머리가 바로 생산공장이 되고 있는 것이다. 따라서 사람 즉 창조적 인재육성에 대한 투자가 중요해진 시기이다.

창조시대를 이끄는 인재육성을 하면서 사고방식이 이제까지와 달라져야 하는 방향과 이유가 있다.

첫째로 창조시대는 답이 하나가 아니다.

대량 공급의 시대는 다양함이 필요하지 않았다. 물건이 부족하기 때문이었다. 낮은 수준의 고객을 평균의 수준으로 끌어 올리는 것이 중요했었다. 그런데 지금은 물건이 남아돈다. 경쟁이 치열하고 언제나 공급과잉이다. 따라서 고객에게 맞춘 다양한 서비스와 제품을 제공하거나 독특함이 없으면 고객의 눈길을 받지 못한다.

당연히 다양한 고객에게 대응이 가능하도록 수많은 답을 얻어내는 사고가 필요하다. 그 예로 1 더하기 8은 얼마인가? 물론 9이다. 이것이 대량의 시대에 요구되는 답이었다. 그러나 창조 시대의 발상은 9는 얼마인가?의 답을 요구하고 있다. 결과는 무한대의 다른 답이 있다는 사실이다.

둘째로 새로운 생각이나 발상은 모두가 창조의 씨앗이 될 수 있다.

대량의 시대는 다른 생각은 틀렸다고 매도를 하였다. 그러나 창조의 시대는 "틀린 것이 아니라 다른 것이라는 생각"이 중요하다. 다른 생각의 사람이 모여 새로운 세계를 열 수 있고 창조적인 결과물을 만들 수 있다. 또한 융합을 통해 첨단의 제품을 만들어 낼 수가 있다. 불가사리와 같이 몇 개의 첨단이 아니라 밤송이와 같이 무수한 첨단을 만드는 것이 필요한 시대이다. 다르다는 사실은 창조의 씨앗이다. 당연히 경쟁이 치열한 No. 1 추구의 세계가 아니라 Only. 1의 세계에 존재할 수가 있다. Only. 1의 세계는 당연히 No. 1이라는 사실이다.

셋째로 창조시대는 인재육성에서 메모리형이 아니라 엉뚱한 생각을 할 수 있는 사람을 많이 만들어야 한다.

제3의 물결인 정보와 지식의 시대를 넘어 이제 제4의 물결인 "창조와 매력의 시대"에 접어들었다. 과거에 만들어진 지식이나 정보를 많이 아는 것이 이제 경쟁력이 아니다. 그래서인지 교토식 경영으로 불황이 없는 기업인 호리바 제작소의 사훈은 "재미있고 엉뚱하게"이다. 또한 노는 날이 가장 많은 기업으로 유명한 기업인 미라이 공업은 "항상 생각하라", "기존의 방식은 모두 버려라"를 신조로 삼으며 중소기업이지만 일본 최고의 경쟁력과 이익을 내고 있다. 그들은 여행을 해도 창조꺼리를 만드는 미스테리 여행을 즐기는 이유이다.

넷째로 기존의 지식을 융합하고 분해하는 것도 창조의 영역이 된다.

새로운 생각만을 지속하기는 어렵다. 이때는 기존의 첨단을 묶거나 분해하는 것으로도 다른 첨단을 만들어 낼 수 있다. 새롭고 엉뚱한 생각에 의한 융합이나 분할도 창조의 영역이다. 둘을 묶고 또는 열을 하나로 만들고 셋을 하나로 만드는 융합 이것도 모두 중요한 무한대로 주어진 창조영역이다.

다섯째로 실행력이 강한 인재를 만들어야 한다.

혁신이 성공하기 위해서는 창조적인 생각만으로 끝이 나서는 아무것도 이룰 수가 없다. 실행이 답이었다.

창조적인 생각은 반드시 도전이라는 실천이 있을 때 처음으로 혁신으로 연결이 가능해진다. 한전에서 혁신을 지휘한 적이 있는 김쌍수사장은 "아는 것이 힘이다."는 옳은 말이지만 이 문장을 완벽하게 만들려면 단어 하나를 더 넣어야 한다고 했다. 바로"아는 것을 실천해야 힘이다."라고...

기업은 이제 창조적인 문화를 만들고 다양한 사고의 인재들이 자라나는 풍토를 만들어야 한다. 이것이 3만 달러 국민소득 수준에 와 있는 대한민국에 존재하는 기업에 요구하는 지상명령이다.

4.5 새로운 경영혁신의 길 청사진혁신

피터드러커는 "기업의 목적은 고객을 창조하는 것이며 기업의 존재를 결정짓는 것은 고객이다"라고 정의했다. 여기서 고객창조라는 목적을 달성하기 위해서는 "혁신과 마케팅"이라는 중요한 기능이 작동이 되어야 한다. 이것은 많은 기업이 가장 약한 부분이기도 하지만 예외가 될 수 없는 기능이다. 기업에서 혁신과 마케팅의 전문 부서를 제대로 갖추기는 어렵지만 현장이 있기에 그곳에서 고객이 원하는 가치인 "안정된 품질과 공급능력 그리고 안정적인 원가력"을 보여주는 것은 가능하다.

이를 구체화하는 것이 "현장의 변화 모습과 미래 변화 목표인 BP(Blue Print, 청사진)를 만들고 실행"하는 것이다. 혁신사관학교를 통해 12년간 9만 명의 기업인을 교육하고 현장의 개선방향을 지도하면서 새로운 길을 발견하였다. 일본전산의 128개에 이르는 기업 인수마다 1년만에 흑자실현의 성공사례와 교세라의 이나모리 가즈오회장이 파산직전 JAL의 회장 취임 후 1년 만에 흑자실현으로 재건에 성공했고 2년차에는 사상최대의 흑자를 실현했다. 물론 국내에서 코웨이나 새한전자에서도 같은 적용을 통해 혁신성공을 이루었다. 바로 BP를 갖는데 있었다. BP의 목적은 미래 실현할 모습을 미리 당겨서 보는데 있고 달려가는 방향을 모두가 사전에 인지하도록 만드는 것이다. BP는 기업이 혁신을 이루고 마케팅의 측면에서 고객에게 현장에서 신뢰를 느끼게 하는 가치를 발휘한다. 대부분 자신이 속한 기업의 미래모습을 알기는 어렵다. 특히 비전이라고 말하지만 꿈같은 숫자나 세계 1

등과 같은 것으로 표현이 되어있는 것이 일반적이다. 하지만 BP는 그림으로 그려서 상세하고 도전적이다. 물론 치열한 실행을 요구한다. 여기서 BP를 통해 기업에서 할 수 있는 혁신성공의 길을 안내하고자 한다.

첫째로 BP를 그리는 실행팀을 구성한다.

청사진을 그리는 팀은 일본전산의 경우 기업을 인수하면 본사의 10여 명의 많은 경험을 해온 사람이 주축이 되고 피인수기업의 영향력 있는 인재를 발탁하여 구성한다. 이때 현재의 사고방식이나 가치관을 부정하고 파괴할 수 있는 근본적인 변혁이 필요하므로 문제를 드러내게 해주는 반골 경향의 인재를 발탁하여 팀으로 만드는 것이 중요하다. 닛산의 카르로스 곤도 반골 경향의 인재를 BP작성 팀에 등용하여 문제를 근본에서부터 파악하고 환부를 도려내는 도전으로 1년만에 이익을 실현하는데 성공하였다. 새한전자도 기존의 사업방식으로는 재생이 어렵다고 생각하는 사업 분야였지만 기업인수 후 전 사원을 혁신교육에 참여시키고 이때 주도적인 성향의 과장급 인재를 발탁하여 BP를 만들어낼 혁신특공대 양성에 참여시키며 직자사업은 두 번째 해부터 이익을 내는 결과로 만들었다.

둘째로 철저하게 BP를 그리게 한다.

BP는 비전과 같이 큰 방향만이 아닌 단기적이며 세부적인 목표가 담긴 그림이다. 현상으로만 본다면 인원의 배치구성이나 현장의 레이아웃, 재고상태, 생산의 지시방법까지 목표 달성 후의 상태를 구체적으로 표현할수록 성공 확률은 높아진다. 일본전산의 나가모리 사장은 망하거나 기울어가는 새로운 기업을 인수하면 먼저 핵심 기술의 보유상태로 가능성을 확인하고 1개월간 "1년 내에 흑자를 만드는 리바이벌플랜인 청사진"을 그리게 했다. 닛산의 경우도 45세 젊은 나이에 CEO가 된 카르로스 곤은 1999년 취임 후 즉시 "1년 내에 적자기업에서 흑자 기업으로 변화되는 BP"를 그릴 것을 요구했다. 2개월 만에 완성이 되어 보고된 BP 속에는 1개 공장의 폐쇄도 있었고 적자요인이 된 많은 모델의 단종, 그리고 협력기업에는 30%가 넘는 가격인하요구 필요성이 나타났다. 그는 단호하게 승인한 그대로 BP 실행을 명했다. 이는 전사적으로 실행되며 단번에 닛산의 부활을 이끌었다. 여기서 BP를 만드는 과정은 많은 도전을 요구한다. 기업의 문화를 바꾸고 구성원의 의식도 바꾸어야 하기 때문이다.

셋째로 BP를 과감하게 실행에 옮긴다.

BP가 완성이 되면 즉시 선포식을 갖고 "즉시한다. 반드시 한다. 될 때까지 한다"고 매일 외치며 빠른 집행이 중요하다. 특히 타협하지 않는 집요함이 핵심이다. 된다고 하는 긍정의 사고가 중요하다. 긍정의 사고는 되는 방법을 만들어 낸다. 그래서인지 일본전산은 실행의 단계에서 "안된다. 어렵다. 무리다"라는 말은 쓰지 못하게 하였다. 이 말이 쓰이는 순간부터 우리 두뇌는 안되는 이유로 가득차게 된다는 것이다. 무엇보다 가능한 아이디어가 생성될 여유를 없애 버린다. 따라서 "된다. 된다. 된다"고 외침이 중요하다. 새한전자 정순일 사장은 2년 후에 달성할 BP를 보고 나서 시기를 기다릴 것이 없다고 판단, 1년 내로 당겨서 투자를 실행, 고객에게 최고의 평가를 받고 매출 160억이 넘는 추가사업을 유치하는데 결정적인 효과를 보았다. 그는 2년 만에 매출 3배와 적자를 벗고 이익실현에 성공하는 기업을 만들었다. 이 단계에서는 수립이 된 BP를 조직 전체에 전파하고 실천을 통해 목표를 달성해내는 것이다.

넷째로 BP를 실행하면서 지속적인 성과를 만드는 인재양성의 장으로 활용한다.

"공장을 영업이 되는 현장으로 만든다"는 것은 매우 중요하다. 진정으로 거래를 할 고객은 반드시 현장을 확인하러 온다. 이때 BP는 공장의 미래를 사전에 고객에게 알리는 효과가 있다. 현재의 모습은 다소 떨어지지만 미래의 꿈과 단계적 개선의 수준을 명확히 밝힌다. 그림으로 표현이 되어 전달이 되는 순간, 고객은 기업의 미래를 밝게 평가하게 된다. 때로는 미래모습을 보고 현재로 당겨 평가하는 경우도 있다. 아파트를 분양하는 분양하우스를 방문해보면 이미 완성된 모델하우스와 아파트 동이 놓인 주변이 모습을 미리 그림으로 보여주고 아파트 내부를 보여주며 분양을 유도하는 것과 유사하다. 미래 모습에 반해 계획에 없던 계약을 하는 경우도 많기 때문이다. 이제 기업도 단지 현재 물건의 품질이나 가격으로 경쟁하고 고객에게 평가 받는 것만으로는 생존이 어렵다. BP가 필요하다. 현장에서 물건 만드는 스토리와 그 안에 존재하는 미래의 꿈도 함께 고객에게 전할 수 있어야 한다.

BP는 기업의 변화를 강력하게 이끄는 방향키이다. 그리고 고객의 마음을 이끄는 매력 포인트로 만들어야 한다. 더더욱 이를 직접 만들고 고객에게 소개하는 특공대원은 자동적으로 동기부여가 일어나 현장의 변화를 주도적으로 이끌어 나간다. 결국 기업의 성공은 꿈을 가지고 BP로 구체화하며 이를 실행하는데 있다. 그런데 핵심은 당장이룬 성과만을 보아서는 안 된다는 사실이다. 이 과정에서 단련이 되며 성장하는 인재양성이 진정한 성과라는 인식을 해야 한다. 그들이 지속적인 미래의 변화를 이끌어 간다. 혁신을 체험하고 실행하면서 나태해지려는 마음도 털어내고 변화에 대한 두려움도 많이 사라진다.

4.6 실패가 성공의 길을 만든다

기업의 관리자를 대상으로 강연을 하다보면 지식적으로는 잘 알고 있다고 한다.

그런데 "아는 것을 실행했는가?" 하고 물으면 딴말을 한다. 적용할 수 없었던 환경의 탓을 하고 우리의 회사나 현장은 맞지 않는다고 한다. 왜 시간을 낭비하며 지식을 배웠는지 알 수 없는 일이다. 사장을 포함하여 임원까지 모두가 함께 교육을 통해 배워 알고 있지만 실행으로 성과를 만들지 못하는 경우가 대부분이다. 뭔가 이제 우리가 좀 변해야 되겠다는 것에 대한 공감을 하긴 했지만 막상 실행으로 이행은 하지 않고 생각만으로 그치고 있다. 많은 구성원이 함께 하며 교육을 받고 이를 통해 알았다면 알고 있는 것으로 끝내서는 안 된다. 반드시 조직 전체에 체화(習)가 되고 반드시 실행(行)으로 연결이 되어야 한다.

한번 접하고 끝이 나서는 지식의 단계로 끝나 성과를 얻을 수는 없다. 중요한 것은 교육의 내용을 이해하고 실행으로 성과를 만드는 것이 중요하다. 교육을 받아 일시적으로 "변했다"라는 이야기를 듣기도 하지만 가장 중요한 것은 바로 실행으로 성과를 만드는 것이다. 기업은 실행으로 생존하는 집단이다. 실행을 하면 드디어 성과가 나올 수 있다. 내가 알고 있는 것 모르는 것을 가르쳐 받는 걸로 끝. 그러면 교육은 효과로 연결되지 않는다. 기업은 학교가 아니다. 우리가 어떤 성과를 내려면 반드시 변화를 해야 한다. 그런데 이 변화는 내 스스로 선택을 해야 한다. 누구도 남이 나를 바꿀 순 없다는 것이다. 이것이 진리라고 생각한다.

남이 나를 아무리 바꾸려고 해도 내가 딱 버티고 있으면 남이 나를 변화시킬 수는 없다. 변화를 하려고 하면 저항을 하는 사람이 있다. 그들에겐 논리가 있다. 실행을 하면 실패를 한다는 것이다. 따라서 왜 실행을 하느냐 이다. 그러나 실패도 성과다. 실패라는 성과가 나올 수도 있지만 또 하나 성공도 결과로 나올 수 있다. 그런데 많은 사람들이 실패를 겁내서 안한다. 그러면 실패하는 것이 두렵다면 할 수 있는 것이 무엇이 있을까? 지금 상태로 유지하면 좋을까? 지금 현재 상태를 유지만한다면 회사는 반드시 어려워질 것이다. 이유는 세계는 빠르게 요동치며 변하고 있기 때문이다. 도전을 하면 실패가 대략 90% 이상이라고 한다. 그래서 변화를 싫어하고 뭔가 혁신하려 할 때 저항을 하고 태클을 거는 사람들은 바로 이것을 내세우게 된다. 실패 확률이 90%가 넘지만 결국 이것이 우리가 원하는 열매를 만든다. 토요타 연수를 하면서 모랄구호를 외치다 보면 "해보고 생각하자, 해보자. 해보자. 해보자"라는 구절이 나온다. 많은 사람들이 여기서 문제를 제기한다. 해보고 생각해서는 곤란하지 않습니까? 그러나 이렇게 설명을 한다. 이미 검토가 끝나 사장이나 경영자 입장에서 실행만 남아있는 경우이다. 많은 어려움은 있겠지만 실행을 해야 하는 단계에서 부하들이 "생각을 해보고 하겠다는 말을 한다면 받아들일 수 있겠는가?" 하고 말이다. 고 정주영 회장의 명언이 생각난다.

"이봐 해봤어?"

"포기하지 마라! 시련은 있어도 실패란 없다."

실행의 목적은 여기에 있다. 실패라는 시련 속에 성공이 들어

있기 때문이다. 누구나 성공할 수 있는 것은 돈이 되지 않는다. 중요한 것은 바로 이것이다. 기업은 돈을 버는 것이 생존의 조건인데 고도 성장기가 아닌 다음에야 누구나 할 수 있는 것으로 돈 벌 수 있다는 것이 말이 되지 않는다. 누구나 할 수 있으면 곧 바로 경쟁이 치열해지기 때문이다. 경쟁에서 이길 수 있어야 살아남는다. 그렇게 가격 경쟁을 하는 곳은 이익이 거의 없다. 그래서 성공확률이 90%라면 하지 말라고 했다. 실패 확률이 거의 99%다. 이것이 실행할 가치가 있는 것이다.

실행을 하는데 있어서 처음의 시작은 쉽지가 않다. 그래서 몇 배의 노력이 필요한 것이 실행의 시작 단계이다. 이사를 많이 다니다 보니 교훈을 얻었다. 오랜 기간 살다보면 냉장고가 방바닥에 딱 붙어 잘 안 떨어진다. 아무리 힘을 주어도 끄덕도 안한다. 이때 어떻게 하면 움직일까? 방법은 간단하다. 충격을 주는 것이다. 위에다가 손대고 충격을 주며 확 밀어붙인다. 그러면 굳었던 밑 부분이 뚝 떨어진다. 장판하고 함께 쩍 붙어 올라가기도 하지만 말이다. 그러고 나면 간단하게 움직이기 시작한다.

한 기업의 변화도 마찬가지다. 처음에는 조금은 충격을 주는 것이 답이다. 그때부터는 변화가 간단하다. 일단은 움직일 수 있는 상태가 되면 그때부터는 굉장히 수월해진다. 냉장고에 바퀴가 달려있듯이 조직에도 변화를 반기는 바퀴가 있다. 실패하면 원위치하여 다시 한다고 생각하면 변화시작을 그리 두려워 할 일만은 아니다.

큰 적자에 시달리다 르노에 매각이 되어 1년 만에 재건된 닛산자동차의 사례가 있다. 1999년 카를로스 곤 사장이 부임하고 2년

만에 사상 최대의 이익을 실현하였다. 닛산은 "위기의식과 실행력"으로 부활에 성공한 것이다. 곤 사장은 "실행이 곧 전부다. 이것이 나의 지론이다. 아이디어는 과제 극복의 5%에 지나지 않는다. 아이디어의 좋고 나쁨은 어떻게 실행하느냐에 따라 결정이 된다"라고 했다. 그는 닛산의 부활계획을 선언하고 4조 2천억 원의 자산매각, 2년간 2만 명이 넘는 인원 감축, 5개 공장의 폐쇄, 20%가 넘는 구매비용의 삭감등의 자구안을 즉시 실천하여 2000년 6조 원 적자에서 2001년 4조 원 규모의 흑자를 실현하였다. 이후 곤사장은 회장으로 승진했고 닛산은 17년 이상 지속적으로 흑자를 기록하며 달리고 있다. 일시적인 아픔이 두려워서 변화를 시작하지 않으면 우리의 일자리인 기업의 지속생존은 없다.

4.7 낭비제거로 과학적 여유만들기

"90%의 움직임은 손실기능인 낭비"라는 인식은 제조업 부활의 KEY가 될 수 있다. 모두가 어렵다고 하지만 제조기업의 일터에서 수행하는 움직임의 90%가 낭비이기 때문에 아직은 개선의 여지가 많이 존재하기 때문이다. 낭비는 "기업에서 투입하는 요소로서 원가에는 반영이 되지만 고객으로부터 돈을 받지 못하는 비부가가치 경영활동요소와 제반 행동들"이라 정의할 수 있다. 그런데 때로는 낭비가 고객으로부터 가치를 인정받을 수 있게 되는 경우도 있었다. 고도성장기나 물건의 공급부족 상황이 벌어지는 시대에는 가능한 이야기였다. 한국은 이미 초 과잉공급의 시대로 경쟁이 치열해지면서 가격이 지나치게 내려가 혁신을 이루지 못하는 기업의 제품이나 서비스는 적자가 심화되고 있다.

기업이 IMF 금융위기 때보다 더 어려움이 크다고 아우성이며 실제로 많은 일자리도 사라지고 있다.

하지만 불황의 탈출과 장기적인 기업의 생존전략을 위해서는 낭비제거를 통해 여유시간을 만드는 것도 중요하다. 니시나리 박사(NPO법인 국제낭비제거학회 회장, 동경대 교수)는 새로운 변화를 모색하는 방법의 이론을 만들었다. 2016년 한국산업교육센터가 주관한 낭비제거포럼에서이다. 1만 달러의 고도 성장기를 지나 3만 달러의 시대를 맞이하는 시점부터는 "과학적 여유"를 가져야 한다고 주장하였다. 당장 눈앞의 낭비만 보아서는 안 된다는 것이다. 여유라는 낭비도 때로는 "목적이나 성과가 나오게 되는 긴 기간"을 감안하면 낭비가 아닌 큰 이익을 가져다주는 투자요소로 변화가 될 수도 있다는 주장을 했다.

과학적 여유란 "통계적으로 계산되어 증명이 된 최고의 성과를 가장 오래 동안 지속할 수 있는 여유율"을 말한다. 이런 여유가 없을 경우 단기적으로 큰 이득이 있을 것 같지만 행운과 같이 유지되는 메타안정의 상태일 뿐 결국 안정이 깨지는 불안한 임계점(CRITICAL POINT)에 놓이게 된다. 이 상태에서는 약간의 변화에도 매우 큰 손실을 입는 상황을 맞이한다. 바쁠수록 돌아가란 속담이 있듯이 과학적 여유를 의도적으로 만들어서 위기를 회피하는 것이 기업의 지속적인 유지에 중요하다는 것이다. 결국 과학적 여유는 일의 재검토와 반성을 통해 실패의 확률을 최소화할 수 있음을 증명한 것이다. 일본의 우량기업들이 많이 채용해 온 PDCA 사이클은 계획의 실행만이 있지 않고 체크라는 단계를 거치며 뒤를 돌아보고 다시 행하는 여유라는 지혜가 담겨있음을 알 수 있다.

결국 과학적 여유가 실패를 줄이고 긴 수명의 기업으로 남을 수 있게 만든 비결이라는 것이다. 이 부분은 일본이 앞선 경제개발 국가이며 장수기업이 많은 이유로 당당하게 한국기업에 던진 뼈있는 한수 조언이었다.

정체학의 관점에서 자동차를 사례로 들어보면 "2초간 달릴 수 있는 거리를 차간 간격으로 유지하는 것이 가장 정체 없이 많은 자동차가 통행할 수 있음을 증명한 과학적 여유간격"이라고 이론은 매우 흥미롭다. 정체학은 사람이나 자동차, 그리고 물건의 이동에 수반하는 정체의 문제를 과학적으로 증명하여 개선하는 방법을 사례로 제시하는 학문이다. 그는 동경시의 교통시스템을 설계하거나 올림픽 선수들의 스키나 봅슬레이등의 기록혁신을 위한 지도, 그리고 기업의 낭비제거 개선도 정체학으로 풀어가고 있었다. 이를 활용하여 도시바의 반도체 공장의 공정간 재공이나 흐름의 혁신을 지도하고 있는 것은 매우 참신하다. 우리가 문제라고 말하는 재공이라는 여유가 나쁘기만 한 것이 아니었다. 때로는 흐름을 원활하게 하고 설비의 가동율을 높여주는 과학적 여유로서 필요하기에 표준재고로 정하고 있다.

기업이 인재 육성을 하는 것도 단기적으로 보면 낭비 같아 보이지만 기업의 성장이라는 목표 달성을 위해 긴 기간으로 보면 가장 큰 이익을 가져다주는 투자로 변화된다. 불황일 때 단기적으로 좁아진 경영자들의 시야를 "과학적 여유"를 감안, 장기적인 관점으로 전환시키는 것이 필요한 이유다. 예전에 급할수록 돌아가라는 말을 지금은 과학적 여유로 바꾸어서 생각하게 된다. 당장은 돌아가는 낭비가 발생하지만 이후에 더 큰 낭비를 초래하는 우를 막는 효과가 있기 때문이다. 낭비는 즉시 없애되 미래를 준비하는 투자 성격의 "과학적 여유"는 필요한 것이었다. 토요타가 68년간 해고 없는 경영을 하며 불황에는 집중적으로 인재를 키우는 사람 만들기를 하는 것이 바로 "과학적 여유"의 대표적인 사례가 될 것이다.

4.8 위기상황 돌파를 위한 생존방법의 공유

"이제까지 없던 30% 이상의 생산물량이 전월대비 갑자기 줄었어요. 아마 최근에 공장을 새로 늘려 지었다면 아마 망했을 수준입니다" 창업자로서 35년간 중소기업의 사장을 지낸 분의 말이다.

"이익이 나면 뻔질나게 은행의 지점장이 찾아옵니다. 낮은 이자로 줄 테니 돈 쓰라고. 그런데 조금이라도 경영에 이상이 있다 싶으면 바로 돈 회수하려고 난리입니다. 나는 25억이 넘게 어음의 부도를 맞은 적이 있어요. 이때는 안면 몰수하고 다 딱지 붙이고 야단인 사람이 은행사람들이지요. 진작 돈이 필요할 땐 만나기도 힘든 사람들이구요"

최근에는 급속하게 기업의 경영이 냉각이 되고 있다.

"대기업과 거래하는데도 전달보다 딴판입니다. 이번 달 들어 휴무도 있었지만 30% 이상 물량이 줄었어요. 다음 달 계획은 더 악화된 상태로 주문이 40% 이상 줄고 있어요. 일하는 사원들을 어찌해야 하는지 걱정입니다"

최근 중소기업을 지도 다니면서 듣게 된 현장의 이야기다. 중소기업의 현장은 올해의 16.4% 최저임금보다 앞으로 지속적으로 다가올 높은 임금인상에 대해서도 걱정이 가득하다. 그동안 잘나가던 대기업의 주문물량까지 줄면서 직격탄이 중소기업으로 날아들고 있었다. 경기의 하강이 지방의 중견기업에게까지 파고들고 있다. 하지만 어찌하랴 이미 기업을 세운 것을. 이제부터 각오를 단단히 해야 한다. 대기업과 같이 현금의 실탄이 없는 중소기업으로서 사원들과 구명조끼를 나누며 생존의 방법을 찾고 공유해야 하는 상황이 되었다. 위기를 기회로 만드는 발상으로 정면 도전이 필요한 것이다.

첫째로 사원들과 위기상황을 먼저 공유해야 한다.

현장의 사원들은 회사가 어려움에 빠지고 있다는 것을 너무나 잘 알고 있었다. 어려움을 감출 것이 아니라 솔직하게 공유하는 것이 좋다는 것을 알았다. 사실 중소기업은 최저임금의 급속한 인상을 걱정하는 것으로 끝이 아닌 임금과 복지수준이 낮아서 대기업과 달리 사원들이 먼저 그만둘까봐 걱정하는 곳이다. 대기업과는 딴판이다. 절대 그만두지 않고 해고해도 몇 년을 두고 투쟁하며 복직하려고 기다리는 곳이 아니다. 오히려 사장의 고민은 숙련된 사원들을 놓칠까봐 노심초사다. 이때 사장만 걱정해선 답이 없다. 돈을 꾸어 메꾸는 임시방편만으로는 안 된다. 과감히 위기의 원인과 상황을 공유하고 대응방법을 찾아 기회로 만드는 도전을 하도록 해야 한다. 중소기업을 대상으로 위기를 돌파하는 혁신실행책임자를 양성하면서 역시 중요한 임무를 부여하게 되면 대부분이 자신의 역량을 발휘하고 싶어 하고 이를 통해 성장하고자 하는 욕구가 있었음을 깨닫게 된다. 위기상황이 공유와 함께 그들이 도전하며 성장할 기회를 교육을 통해 부여해주어야 한다.

둘째로 위기는 인재육성의 기회로 삼아야 한다.

사장은 사원들을 믿고 변화를 주도할 혁신실행책임자 양성을 시작할 일이다. 새로운 사업의 영역을 만들고 새로운 고객을 만드는 프로젝트를 진행할 때 불황의 시기는 인재육성을 하는 아주 좋은 적기가 된다. 사실 조금만 바빠도 여유 인원이 없어서 교육을 할 수 없다고 핑계를 대지 않았는가? 이제는 일이 없어서 교육을 시킬 여유가 없다고 해서는 미래가 없다. 위기 상황을 함께 개척하는 기회를 주고 진정으로 주인의식을 갖게 하는 위기 돌파의 주인공을 만들어야 한다. 위기야 말로 자신의 실력을 제대로 파악하는 기회도 된다. 기회가 주어지자 휴일을 반납하며 도전하는 사람들이 많이 존재한다는 사실도 알게 되었다. 사장만 위기를 걱정하는게 아니라 사원들도 회사걱정을 하고 있음을 알아야 한다. 그들과 정보를 공유하고 인재를 육성해야 하는 이유다.

셋째로 사장은 사원들과 진정으로 대화를 많이 해야 한다.

기업의 힘은 현장에서 나온다. 작은 조직일수록 의사결정이 빠르고 실행도 신속하게 가능하다. 중소기업의 생존이 가능한 이유이다. 이것은 사장이 함께 하는 것을 전제로 한다. 사장은 사원들과 깊이 있는 대화를 나누는 일은 중요하다. 요즈음은 현장의 사원들도 학력이 높은 경우가 많아서 동기부여만 되면 아이디어가 풍부하고 제안도 많이 한다. 사장이 바쁘다고 핑계 대며 피할 일이 아니다. 사장과 고민을 함께 나누고 대화를 많이 한사람들이 역시 이직의 의향이 적고 사명감이 있고 충성도가 높았다.

넷째로 중소기업도 대기업으로 커가는 체질을 만들어야 한다.

중소기업은 분명히 대기업의 전신이다. 사원들에게 대기업으로 커가는 꿈과 성장의 비전을 심는다면 대기업이 되는 것이 불가한 것도 아니다. 이때는 자사만의 고유기술을 확보하는 노력이 필요하고 기술을 활용한 브랜드를 갖는 도전이 있어야한다. 사원들의 의식 속에 대기업의 꿈이 없이는 언제까지나 떠날 기회를 엿보는 경쟁력 없는 근육노동자만 남게 된다. 지금은 미국에 불법수출문제로 대표이사가 억류가 되어 있는 중소기업이 있다. 성장이 멈추어 아쉽지만 3년전 매출이 200억이 안 되는 작은 중소기업이지만 공기 압축기에 사용되는 공기베어링의 특허로 "20년 이내에 매출 100조로 한국의 10대 기업이 되는 꿈"을 가진 한국터보기계의 김헌석 사장이 있다. 전 사원의 혁신교육이 진행되어 알게 되었지만 당찬 선언에 감동하며 시골의 작은 중소기업에 일류인재들이 몰려들던 것을 보면 명확해 진다. 어려운 때 일수록 중소기업도 대기업으로 성장의 꿈이 있어야 한다.

다섯째로 대기업은 중소기업의 인재육성을 지원해야 한다.

"대기업의 주변에 있으면 좋은 점이 많은 줄 알았습니다. 하지만 이제는 재앙임을 알았습니다. 그들이 인재를 뽑는 날이면 절반이 회사에 나오지 않습니다". 천안에 위치한 기업 사장의 절규다. 대기업이 공채를 할 때 좋은 일자리를 찾아 떠나는 사람을 탓하기는 어렵지만 중소기업이 인재육성에 손을 놓는 이유도 이해가 된다. 공들여서 키운 인재가 속절없이 떠나 대우 조건이 좋은 대기업으로 취업을 한다고 하면 잡을 방법이 없단다. 당연히 중소기업의 없는 돈 들여서 투자한 기술도 함께 날아가는 순간이다. 이제는 대기업이 열악한 중소기업의 인재육성을 적극적으로 지원하는 것이 동반성장의 핵심이 되어야 한다. 기술은 사람에 달려있다.

어려운 경제환경이 다가오지만 위기는 기회를 만드는 가장 큰 도우미이기도 하다. 위기일 때 인재양성에 투자를 하는 기업이 결국 경기가 회복되었을 때 큰 기회를 잡게 된다. 불황에는 기업의 구성원 모두가 생존의 방법을 찾는데 지혜를 모아야 하는 시기이다. 호황일 때는 모두가 바빠서 교육할 시간이 없다고 하지 않았는가?

4.9 변화는 스스로 선언해야 한다.

"나는 이러한 연수교육을 여러 번 받았습니다." 교육을 시작하면서 자주 듣게 되는 말이다. 변화는 많은 시간과 기회가 중요한 것이 아니라 스스로 변화하려는 의지가 결정적인 변수가 된다.

"남이 나를 변화시킬 수는 없다."

이것은 지금과 같은 자유의 시대에는 진실에 가깝다.

본인 스스로 목적의식을 확실히 하지 않으면 시간과 비용의 낭비만을 초래할 뿐 교육의 성과는 없다. 이것을 남에게서 원인을 찾는 사람은 구제할 방법이 없다.

"뭐야, 연수를 받고서도 변화된 것이 하나도 없구먼."

사장은 연수의 내용이 잘못된 것이 아닐까 하는 의문을 하게 된다. 물론 변화를 주지 못한 교육과정이 잘못된 경우가 많다. 그러나 여기서 강조하고자 하는 것은 대부분의 사람이 변화하여 성과를 올리고 있는데 몇몇이 버티고 있는 경우도 많이 보아왔기에 예를 든 것이다.

여기서 중요한 것은 본인이 스스로 변화할 수 있는 동기부여가 부족한 경우 외부의 모든 정보는 시시하고 가치를 느끼지 못한다는 것을 알게 된다.

교육이나 연수는 본인이 관심을 가지고 받아들이고자 할 때 변화의 계기나 실마리를 제공할 뿐 그 이상의 도움은 되지 못한다. 변화는 본인의 반성에서 시작이 된다. 잘하고 있다고 생각할 때 변화는 참으로 어렵다.

그런데 왜 변화를 해야 하는가? 답은 명확하다. 고객이 변하고 경쟁기업이 변하기 때문에 변화를 외면해서는 곧 뒤쳐지는 수모를 당하게 될 수도 있다.

연수를 진행하면서 강의를 열심히 듣고 필사적으로 본인의 변화를 주는 계기를 찾고자 하는 사람을 만나면 진심으로 존경하는 마음을 갖게 된다. 그를 위해서라면 무엇이든 도와주고 싶고 강의하는 입장에서 보람을 느낀다. 그가 교육을 마치고 돌아가서 얼마 후에 돌아올 반응을 아주 흥미롭게 기다리게 된다. 역시 교육을 보내준 사람으로부터 고맙다는 기쁜 소식이 온다.

얼마나 즐거운 일인지 모른다. 여기서 강조하고 싶은 것은 "진심으로 내가 변하겠다"는 의지를 갖는 것이다.

그렇지 않으면 다른 사람이 아무리 노력을 해도 변화는 없다. 아마 변화가 불가능하다는 것을 본인 스스로 더 잘 알고 있다. 이유는 밖에 있는 것이 아니고 자신의 안에 있다.

얼마나 변할 수 있을까 하는 것은 전적으로 본인의 의지에 달려 있다. 자기반성의 크기에 비례하는 것이 변화다. 변화의 필요성이 분명하면 연수나 교육은 큰 위력을 발휘한다. 토요타에서는 교육을 먼저 하지 않고 목표를 설정하고 이를 해결하는 과제를 먼저 부여한다. 이를 해결하기 위해 교육이 필요해지면 스스로 교육을 선택하도록 한다. 이때 스스로 목표를 달성하기 위해 실행하는 단계에서 교육을 해 준다, 그러면 고맙게 생각하게 된다. 그러나 도전할 목표는 없는데 변화가 강요될 때는 서로가 괴롭고 힘만 들뿐 성과는 없다. 변화는 본인 스스로 기업에서 필요로 하는 1등 목표를 설정해야한다. 목표를 향한 열정이 넘칠 때 기분좋게 변화가 일어나고 목표를 달성할 수 있다.

변화가 싫으면 물러나라

변화는 기득권을 과감히 포기할 때 얻을 수 있다. 숙달이 되고 생활화된 현재의 상태에 안주하려고 하는 순간 변화는 멈춘다. 변화는 기존의 것을 버리고 새로움을 향한 시작을 말한다. 매너리즘이란 변화를 멈춘 조직의 심각한 병이다.

문제를 남에게서 찾는 조직은 이미 매너리즘에 빠진 증상을 나타내고 있는 것이다.

고여 있는 물이 그러하듯 순식간에 썩어버린다. 이제는 변화가 필요한 순간이 오면 담담하게 받아들여야 한다. 상사가 변화의 계기를 부여해 준다면 감사하게 생각하자.

아직 나를 생각해 주고 앞으로도 활용을 계속하겠다는 메시지가 담겨 있는 것이니 기쁘게 받아들이면 된다.

일수거사(一水去士)라는 농담이 섞인 말이 있다. 도사를 의미하는 듯하지만 한물 간 사람을 일컫는 말이다. 경쟁이 치열한 시기가 오면 어제까지 큰 역할을 해오던 사람도 변화에 적응하는 노력을 멈추면 순식간에 한물 간 사람이 된다. 즉 필요 없는 사람이 되었다는 뜻이다. 이런 아주 답답한 사람이 가끔은 나타난다.

"그 동안 20년간 나를 엄청 부려먹고 필요가 없어지니까 헌신짝 버리듯 한다"고 하는 불평을 하고 다닌다. 하지만 방해가 될뿐 필요 없는 데 버리는 것이 당연한 것이 아닐까?

그 정도의 사람이라면 엄청 부림을 당한 것이 아니라 그 동안 그런 근무기회가 주어졌던 것에 감사해야 한다. 지속적인 노력을 멈추면 본인은 섭섭하겠지만 이미 짐이 되고 있음에 눈을 떠야 한다. 이제는 그만 물러나는 것이 도와주는 것이다. 이제는 고객을 읽으며 스스로 변화를 선택하고 주도하는 사람이 되어야 한다. 그래서 변화는 목표를 향해나가는 과정(Process)이라고도 한다.

나는 꼭 필요한 회사에 이익을 안겨주는 인재(人財)인지…

회사의 이익에는 크게 기여를 못하지만 없으면 조금 아쉬울 뿐인 재고로 부담이 되는 인재(人在)인지, 오히려 조직의 위에 앉아 있으면서 부하들이 도전하며 일하고자 하는 분위기를 깨고 브레이크 역할만 하며 오히려 회사에는 손해를 주는 한물간 인재(人災)는 아닌지 생각을 해보자.

판단이 어렵다면 가르쳐 주겠다. 사표를 내보길 권한다. 회사에 이익을 주는 사람은 절대 내보내지 않는다. 안심해도 된다. 오히려 적은 보수를 주고 있음을 다시 생각하게 되어 급여를 올려주려고 할 것이다. 그러나 회사에 손해를 주는 사람이 사표를 내면 아마 경의를 표할 것이다. 감사해서 아마 송별식도 호텔에서 거창하게 베풀어 줄 것이다. 떠나 주는 것에 감사해서 웃돈까지 얹어 주기도 할 것이다.

일본의 거대 기업으로 현재는 경영의 어려움을 겪고 있는 파나소닉이 80년대 초에 큰 성장을 해오던 시기가 있었다.

그 성장을 주도하던 창업자 마쓰시다 고노쓰케는 "인재육성이 곧 경영이다"라고 정의를 할 정도로 인재의 발굴과 육성을 중시했다. 특히 그는 집념을 가진 인재를 중시했는데 사업은 언제나 도전이 필요한 것임을 강조하고 있었던 것 같다. 고노쓰케는 집념이 있는 인재를 정의할 때 "가능성에서 발상을 하는 사람은 집념이 있는 사람이고 불가능에서 발상하는 사람은 집념이 없고 변화하려고 하는 조직의 발목을 잡기 때문에 조직에서 버려야 할 대상이다."라고 했다.

그가 이 세상을 떠난 후 30년이 넘어간 지금 파나소닉은 경영에 큰 어려움에 처해 있다. 원인은 바로 이러한 집념의 인간을 만드는 인재육성에 소홀했던 것이 아닌가 하는 생각을 하게 된다.

그는 99% 안 된다고 하는 사람은 언제까지나 안 되는 99%에 머리속이 온통 싸여 가능성은 1%도 생각할 수가 없다고 했다. 토요타의 오노부사장은 1%의 가능성을 100%의 가능성으로 발상하고 결국 되게 반드는 집념 있는 인재를 원했다. 이것은 지금의 시대에 아주 중요한 메시지라고 본다.

99%의 높은 확률의 방법은 모든 기업이 다 할 수 있기에 돈이 되지 않는다.

"모두가 어렵다고 포기하는 그곳에 기업이 추구하는 큰 이익과 기회가 함께 하고 있다"는 것을 알아야 한다. 토요타는 바로 모두가 안된다고 포기하는 그곳에서 가능성을 찾는 대표적인 기업이었다.

변화는 목표와 행동력을 가질 때 가능하다

변화는 단지 지금의 모습을 바꾸는 차원을 이야기자는 것이 아니다.

명확한 목표를 가지는 것과 동시에 집념을 가지고 행동으로 성과를 내는 인재가 되도록 노력하는 내가 되는 것이다.

토요타의 고수익 시스템을 만든 TPS의 창시자 오노타이이치 부사장은 관리자들이 "알겠습니다."라고 하는 대답을 하면 크게

화를 냈다. 이유는 나중에 어떻게 된 것이냐 물으면 "알겠다고 했지 하겠다고 안했습니다." 이러면 큰일이기 때문이다.

알겠다고 하는 대답에서는 중요한 언제까지 한다고 하는 실행의 납기가 빠져있기에 문제라고 본 것이다.

그는 "즉시 하겠습니다." 이런 대답을 원했다.

즉시 실행을 하겠다고 하는 의지의 표현을 원했고 오늘은 어제와 다른 환경이기에 성공을 할 수 있다는 의식을 심어주고 있었다. 실패 경험에 빠져 도전을 포기하고 얄팍한 지식에 묶여 안 된다고 하는 사고를 없애는 것이 일류기업의 씨앗을 만드는 기초라고 믿었다.

일류와 일등은 누구를 모방하면서 일을 하지는 않는다. 모방은 영원히 이미 2등이다. 1등에게는 새로운 도전과 이 세상에 없는 이론을 창출해내는 개척정신이 필요하다.

남이 먼저 변하기 전에 내가 스스로 변화를 하자. 이때의 변화는 즐거움이 있다. 남을 이끌어 나가는 리더에게는 목표를 향한 변화가 사명이다.

변화를 당하는 자가 아닌 변화를 이끄는 사람이 될때 희열과 보람이 주어진다. 그 사람이 바로 리더가 된다. 오노타이이치는 토요타의 리더를 "고객을 향해 스스로 변화를 주도하고 1등 목표를 향해 앞장서서 실행하는 인재"로 만드는데 주력했다.

함께하는 성공적 변화방법

1단계, 명확한 변화의 목적을 정한다.

변화의 배경이 되는 고객의 정보와 경쟁조건의 정보를 항상 분석하고 이를 토대로 변화의 크기를 가늠할 줄 알아야 한다.

상황의 분석없이 변화의 방향을 설정할 수는 없기 때문이다. 고객의 변화를 인식하는 것이 앞서가는 기업의 최고의 과제가 된다. 경쟁사의 정보도 입수하여 모두가 변화에 참여하도록 이해하는데 활용하고 목적도 정의를 해두어야 한다.

2단계, 명확한 변화 후의 청사진을 통해 목표를 설정하고 모두가 함께 할 수 있도록 설득과 스스로 동참하는 분위기를 조성한다.

Top과 리더들이 목표 달성에 대한 자신감과 열정이 넘치는 모습을 보여주는 것이 가장 중요하다.

3단계, 빠른 행동이 높은 업적을 만들어낸다.

변화의 계획을 수립하고 나면 구체적인 실행이 따라야 한다. TFT를 구성하여 신속하게 목표를 달성하도록 환경조건을 만든다. 행동도 내 스스로 책임감을 가지고 주도를 해야 한다. 이때만 진정한 나의 가치가 올라간다.

4단계, 변화로 인한 업적향상의 기쁨으로 행복하게 느끼도록 해야 한다. 성취감은 인정받으며 책임을 완수했다고 하는 뿌듯함으로 더 커진다.

인생은 대부분이 일속에서 보내고 황금시간을 일하는 속에 바친다. 동료들과 함께 행복을 일속에서도 진정으로 느낄 줄 알 때 인생을 2배로 즐겁게 보낼 수 있는 것이 아닐까?

함께 변화를 즐기고 새로움에 감탄할 줄도 알자. 변화와 도전이 멈추면 당장은 편안함이 있을 수도 있지만 나중에는 남에게 변화에 끌려 다니는 노예가 된다는 사실이다.

주도적으로 도전하고 고객만족을 위해 변화를 리드하는 것이 리더의 덕목이다.

야마다 명언

나는 열심히 일하고 있다고 생각하는 사람에게는 낭비가 보이지 않는다. 내가 하는 일이 뭔가 조금 잘못된 방법으로 하고 있는 것은 아닌가? 하는 의문점을 가질 때 낭비가 보인다.

4.10 기본을 다지는 경영 5S

기본을 다지는 새로운 경영 5S를 실시해 보자. 한국의 경제는 개발도상국의 첫 번째 용으로 맹렬하게 달려왔고 7%에서 10%의 경제성장이 당연하던 시절을 지나 이제는 3%정도로 만족해야 하는 저성장의 시대를 맞이했다. 2011년에 2만 달러에 도달하였고, 2018년에 들어서며 3만 달러 시대를 열고 있다. 이제 국민소득 4만 달러를 향한 여정이 시작될 것이다.

한국은 1997년 말까지 멋진 질주는 승리를 확신하게 해주고 있었다. 해외관광과 사치품의 소비는 하늘을 찌르게 드높았다. 역시 산이 높으면 골도 깊은 법, 1만 달러의 높이를 오르기는 어려웠지만 IMF를 맞이하며 6천 달러의 소득으로 떨어지는데 3개월이 걸리지 않았다.

일본이 우습게 보이고 국민소득은 높지만 생활수준은 별 것 아니라고 큰소리도 치던 시기였다. 그야말로 경영자들은 발전과 성장의 Speed를 외치며 일본이 10년 걸렸다면 우리는 3년도 길다라고 하면서 모두 함께 뛰었다.

김우중 전 대우그룹의 회장이 성급한 확장과 매수를 계속하며 세계경영을 외치다 자금회전에 휘말려 부도를 내고 1999년부터 해외망명 생활을 하다가 입국하여 법원으로부터 21조 원이 넘는 손해배상을 하라는 판결을 받았다. 그는 2003년 1월 미국의 포춘지와 인터뷰를 하면서 "나는 15년에 걸려서 할 일을 5년 만에 하려다 그르쳤나."라고 술회했다.

결국 기업을 모두 망가뜨린 원인을 지나치게 빠르게 달려간 규모 추구에서 뒤늦게 찾아낸 것이다.

토요타 계열사 기후차체의 호시노회장은 한국의 향후 문제를 이렇게 진단하고 있다.

“한국은 그 동안 규모로 승부를 내는 데 너무 집착을 하고 있었다. 모두가 설비업체에 휘둘린 느낌이다. 훌륭한 고기능의 설비투자도 좋지만 결국에는 과잉설비투자로 부담이 나타나는 순간이 다가 올 것이다. 그때의 후회는 이미 늦은 것이 될 것이다. 이익으로 그동안 얻은 것 이상의 희생을 치르게 된다.”

“우리 토요타는 이제 단위당 설비투자를 줄이는 것이 핵심과제가 되고 있다. 규모를 유지하되 과잉투자비로 인한 고정비 때문에 불황에 허덕이던 경험이 너무 많았다. 여기서 힘이 들지만 불황에 견디는 노하우가 생겼다”라고 소개를 했다.

토요타는 2008년 리먼쇼크 이후 대규모 리콜의 아픔을 딛고 높은 이익을 실현하며 그들의 진정한 실력을 보여 왔기에 당당한 그 한마디에 무게가 있음을 느낀다.

이제 우리도 새로운 패러다임으로 사고를 해야 한다. 판단도 달라지고 행동도 달라져야 한다. 성장도 3만 달러시대에는 2%에서 3%가 정상으로 인식되어야 한다. 4% 이상의 고성장은 실업을 감소시키고 생활의 질을 올리는 달콤함이 있지만 비례하여 많은 물가인상 등 부작용도 있음을 알아야 한다.

이제는 경쟁국이 있기 때문이다. 고성장은 반드시 고물가, 고금리, 지가상승, 임금상승, 무역흑자의 감소 등으로 연결이 되면서 결국 수출비중이 높은 한국 경제를 곤두박질하게 만든다.

달콤한 고성장 뒤 마이너스성장의 고통은 모두를 더 많이 비참

하게 만들 수 있다.

1인당 국민소득 3만 달러를 넘는 국가에서는 3% 수준의 성장이 꼭 나쁜 것은 아니다. 양으로 평가하던 잣대를 질로 바꾸어야 한다.

이러한 낮은 경제성장 환경에서도 기업이 살아남기 위해서는 Speed만을 추구하던 것에서 기본을 다지는 경영의 5S로 주기적으로 내실을 위한 점검을 해 볼 필요가 있다.

첫째, Slow 경영이다.

이것은 천천히 하는 것을 요구하는 것이 아니다. 빠른 결과만을 중시해서 과정을 무시하던 모습에서 과정을 중시하는 사고로 전환하는 것이다. 빠른 결과도출의 경우 과정이 무시되고 깊이 있는 준비가 결여되기 쉽다. 결과중심으로 치우치기 쉽다. 이것은 허점이 많았다. 운이 좋아서 달성하는 경우가 많아 재현도 안 된다.

이제는 과정을 살피고 다지는 것이 중요한 시대가 되었다. 과정이 올바르면 좋은 결과가 나오는 확률이 높아진다.

다리가 내려앉는 사고가 있었고 집이 30년도 되지 않아 벌써 노화되어 재건축해야 하는 주택도 알고 보면 빨리빨리 시대가 낳은 산물이다. 결과 중시에서 내실을 다지는 Slow가 긴 세월 속에서 보면 결국 빠른 길임을 유럽등 선진국을 통해 깨닫고 있지 않은가?

여행을 간 때도 목적지에 도착하는 것이 물론 중요하지만 가는 과정을 즐기는 것도 여행의 중요한 목적이 되고 있듯이 과정을 다지는 경영도 중요하다.

둘째, Small 경영이다.

규모가 커야 행세할 수 있었고 망하지 않았지만 이제는 이익이라는 알맹이 중심의 Small 경영이 뜨고 있다. 규모만 크고 움직임이 둔한 경영은 경쟁에서 살아남지 못한다. Only. 1과 No.1은 규모가 클 때만 가능한 것은 아니다.

큰 기업도 고객욕구가 신속하게 받아들이는 구조일 때 살아남는다. 정보가 조직의 벽을 넘는 데 시간이 걸리는 공룡기업은 매출은 자랑할 수 있어도 이익에서 꼬리를 내린다.

미국의 대표적인 규모의 경제를 추구해온 자동차 기업인 GM, FORD가 불황시기를 맞이하며 실패의 사례기업으로 전락했다. 대량생산과 과잉투자의 그늘인 부채비율이 540%와 1,200%가 넘는 기업이 되었기에 부채가 없는 토요타와 싸워서 이길 수 있는 확률은 점점 낮아지고 있는 것이다. 최대이익을 내면서 일본 내 증산과 종업원을 늘리고 있는 토요타와는 달리 그들은 GM 군산공장 사례에서 보듯이 공장 폐쇄와 감원을 지속할 수밖에 없었다.

고객의 만족요소인 Q.C.D.S(품질, 가격, 납기, 서비스) 속에는 기업규모가 들어있지 않다.

셋째, Steady 경영이다.

안정된 자본구조와 인재육성을 통해 엉성하게 덩치가 커진 사업구조를 다져 주어야 한다. 그래야 다음의 도약이 가능해진다.

경영의 귀재로 불리는 마쓰시타 코노쓰께는 "사업은 돈으로 하는 것이 아니라 사람의 능력으로 하는 것"이라고 했다. 일본의 파나소닉은 규모가 확대되었는데도 불구하고 불황을 겪으면서 이익이 크게 줄었다. 이때 인재육성이 규모 확대 속도를 따라오지 못했기 때문이라고 진단을 했다. 이후에 인재육성에 가장 큰 투자를 실시하면서 사장으로서 '경영=인재육성'이라고 정의한 것은 의미 있는 일이라고 생각된다. 인재가 없다는 것은 골다공증에 걸린 것과 같이 쉽게 부러지고 기반이 취약함을 말한다. 일은 사람이 한다는 것을 깊이 인식해야 한다. 어려움은 결국 인재가 해결해 준다.

Steady 경영은 인재가 크는 속도에 맞추어서 기업성장을 유지하는 것이다.

넷째, Sweet 경영이다.

종업원은 기계가 아닌 사람이다. 사람은 동기부여가 중요하다. 열심히 노력하여 결과를 얻었지만 반응이 없어서는 계속 되지 못한다.

높은 성과에는 높은 보상이 있을 때 즐거움이 있고 매력적이다. 종업원들의 No.1을 추구하는 도전이 계속적으로 있어야 회사는 발전할 수 있다. 지속 발전을 위해서는 일속에 즐거움(FUN경영)의 요소를 가미해 두어야 한다. 칭찬과 인정해주는 분위기는 돈을 들이지 않고 보상을 해주는 경영자, 관리자에게 주어진 무한자원이다. 대부분의 종업원들은 돈만으로 움직이지 않는다. 인정해주고 함께해주며 성장을 위한 믿음이 함께할 때 분발한다. 또한 기업의 성장이 국민과 사회에서도 신뢰하고 환영을 받도록 사회적 가치를 높이는 경영을 해야 한다.

교세라의 이나모리가즈오 회장은 "기업목표는 무엇인가?"의 질문에 "전체 구성원에게 물심양면으로 행복을 주며 인류의 행복과 사회발전에 공헌하는 것"이라 했다.

다섯째, Smart 경영이다.

Top의 판단만으로 지속적인 경쟁에서 언제나 이길 수는 없다. 또한 경쟁자만을 이기는 것으로 승리하는 것도 아니다. 소비자, 종업원과 주주, 경영자와 노동조합, 그리고 사회의 관련자 모두에게 조화로운 결실을 지속적으로 안겨주는 경영이 필요하다.

어느 하나라도 무시해서는 기업의 미래는 보장되지 않는다. 이제 대기업은 협력기업을 동반성장의 진정한 파트너로 인정하고 사회적인 약자를 배려하는 경영을 하지 않으면 성장이 불가능하고 국민들로부터 사랑받는 기업이 되기는 어렵게 되었다.

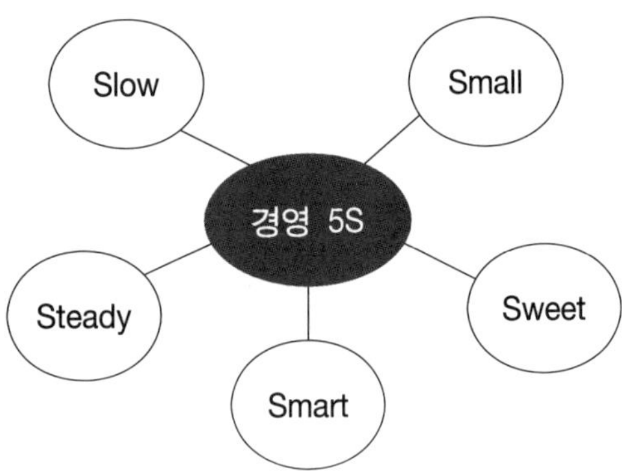

지금과 같은 시기에 최저임금을 지불하는 협력사를 많이 거느린 대기업은 과감하게 협력사에 대한 배려를 먼저 해야 한다. 이

미 너무 격차가 심한 상태이므로 자사의 임금을 동결하고 그 여유자금으로 협력사의 최저임금 인상에 따른 고통을 분담하는 지원을 통해 상생의 실천이 필요하다. 그러면 아마 소비자들도 따스한 그 기업의 제품을 더 애용할 것이다. 자기 회사만의 성장만을 자랑할 것이 아니라 진정성 있게 사회와 공생하는 기업이 되어야 할 때가 되었다.

E 변화와 혁신의 사례

▶ 토요타의 수소연료전지차 "미라이" 한번 충전으로 650KM 달린다. 2015년부터 하루 13대의 생산 실시로 상용화 달성

5.1 미라이공업 : 휴일 140일이지만 독특한 제품으로 생존

"항상 생각하라" 일본의 중소기업인 미라이공업 입구부터 식당 복도에서 만나는 글귀다. 생존방법의 초점은 아주 단순하다. "항상 생각하라"이다. 1965년 창업하며 건축에 필요한 전기관련제품을 만드는 중소기업으로 출발하지만 처음부터 생존방법을 독특함에서 찾았다. 이 세상 어디에도 없는 물건을 만드는 것이다. 모방은 허용하지 않았다. 물건만들기의 기본사고가 다르다. 처음에는 오리지널리티를 확보하며 단순하지만 고객의 편리에 맞추어 아주 다양하게 시리즈를 만들어 내는 것이다. 당연히 팔리지 않는 제품도 많이 나온다. 하지만 구색을 갖추는 것을 중시한다. 미라이공업에 가면 "무엇이든 다 있다"는 인식을 고객에게 심어주기 위해서다. 20%정도의 제품이 잘 팔리고 나머지는 구색제품이었다. 하지만 그들이 이익을 많이 내는 비결은 "건축설비에 필요한 모든 것이 있고 편리하고 독특한 제품을 만드는 기업"으로 고객에게 각인을 시키고 있기 때문이다.

"우리회사는 일본에서 쉬는 휴일이 가장 많은 기업입니다. 하루 근무시간은 7시간 15분이고 140일을 쉽니다, 780명 전사원이 정규직입니다" 어찌보면 망하기 딱 좋은 기업이다. 하지만 기후현에서 중소기업의 규모로는 꽤 높은 급여를 주고 있다. 모든 사원들은 사회 속에서 살고 있기 때문에 동종이나 이웃기업의 상황을 듣는다. 한마디로 "우리회사는 천당이다"라는 생각을 많이 한다. "전 사원이 5년에 한번씩 회사부담으로 해외여행을 한다. 단지 여행을 보내는 것이 아니라 독특한 이벤트가 있다. 2015년 4월

해외 여행시에는 경품이 대단했다. 미스터리창조여행으로 미션을 가장 창조적으로 잘 완수한 사람에게는 "사장이 된다" 상을 주고 2등에게는 1년간 유급휴가를 주는 파격적인 시상도 했다. 사장이 되는 사람에게는 1년간 준비기간을 주고 "회사를 설립하고 사장이 되는 데 필요한 자금을 회사에서 지급한다"이다. 모든 것이 창의적이지 않으면 살아남지 못하기에 독특함이 생존의 힘이다. 그들의 행동은 매번 미디어매체에서 경쟁적으로 취급을 해준다. 좋은 이야기 꺼리가 되고 특이해서다. 좋은 회사이고 독특한 제품을 만드는 기업이라는 기업 이미지 광고는 공짜로 이루어진다.

2015년 해외여행의 이벤트도 15개가 넘는 매체에서 취급하여 더 유명한 인기기업이 되었다. 사원들에게 자부심을 주고 이벤트를 하면서 많은 돈을 들이지만 광고비로 들어갈 것을 흥미 있는 뉴스거리로 만들어 공짜 광고를 한다. 기업의 광고비로 생각해보면 여행비를 뽑고도 남는다. 사실상 공짜 여행을 즐기는 것이 된다. 이것도 창조적인 생각의 산물이었다. 기업을 운영하는 사고방식에도 독특함이 가득하다.

첫째로 사원들의 의욕을 가장 중요한 가치로 둔다.

타회사로 전직을 한다는 것은 생각할 수가 없다고 한다. 우선 쉬는 날이 많고 급여수준도 높기 때문이다. 이러한 회사가 망해서는 안 된다고 생각한다. 따라서 구성원 모두가 스스로 열심이다. 특이하게도 "보고, 연락, 상담" 금지라고 한다. 기존의 사고와 다른 역발상이다. 자발적이고 스스로 열정을 가지고 일하는 문화를 만들기 위해서다. 상사가 지시해서 일하는 문화는 미라이

공업과 먼 나라 이야기다.

“지시대기자”가 되어서는 곤란해서다. 지시대로 움직이는 사람이 의욕이 높을 수 없기 때문이다. 5년에 한번 전 사원의 해외여행도 회사 분위기의 활기와 의욕을 높이기 위해서다. 또한 회사 내에서 신선한 미래의 꿈을 주는 화제꺼리를 만들려고 한다. 해외여행도 창조적인 발상의 기회를 제공하여 결국은 회사의 제품 개발력에 도움이 크게 되는 것이었다.

둘째로 기업경쟁방법의 핵심을 명확히 했다.

무엇보다 제품의 오리진과 다양한 시리즈화로 경쟁의 방법을 찾았다. 모방이 없는 제품 만들기, 세상에 없는 제품, 고객의 니즈에 맞는 제품으로 “고객이 있는 현장에 가서 개발하기를 추구”한 결과 시장점유율 85%를 차지하며 경쟁기업보다 비싸도 팔리는 제품을 만들고 있다. 제품의 단가보다 높은 인건비를 지불해야 하는 현장에선 공사 용이성이 중요한데 연구개발의 인력은 주로 고객들이 일하는 작업현장에서 근무하며 잽싸게 그들의 불편함을 바로 제품의 개발로 연결시킨다. 하루에 하나 꼴의 신제품을 개발할 수 있는 힘은 여기에 있었다. 특허나 실용신안이 3,000개를 넘는다, 특허 내용이 기록된 두툼한 책이 10권은 족히 넘는다. “항상 생각하라”는 사훈은 결국 독특함으로 나타났다. 이것이 고객들이 다양하고 매력있는 제품이 존재하는 미라이공업을 찾게 만든 요인이다.

셋째로 제안제도로 항상 생각하는 것의 결실을 거둔다.

전사원의 아이디어를 모으는 시스템은 중요하다. 제안할 때마다 500엔을 준다. 상사를 욕하거나 월급을 더 올려 달라는 제안 이외는 어떠한 제안도 용지에 써서 제출만 하면 받아들이고 제안 상금을 준다. 회사를 생각하는 시간을 가졌을 것이라는 생각에서다. 식당이나 각 현장의 벽에는 제안함과 함께 제안 건수의 기록이 붙여져 있다. 1등의 제안자는 년간 240건이 넘는 제안을 하고 있다. 년간 20건을 넘는 제안자가 200명을 넘는다. 항상 생각하고 있다는 결과물이다.

넷째로 경영의 중심을 사람에게 둔다.

미라이공업은 극도로 경쟁이 치열한가운데 경영요소 "사람, 자금, 물건" 중에 사람에 집중하고 있다. 사람을 경쟁력의 근본으로 삼고 있는 것이다. 이제 입사 경쟁률은 100:1이 넘는다. 유명기업이고 사회적인 지위도 확보하고 있는 기업으로 견학자가 넘치는 기업도 되었다. 견학을 유료로 하고 있지만 늘 일정이 꽉 차있다. 이것도 영업이지만 이익을 내는 작은 사업이 되고 있다. 회사의 생각이나 경영방법이라는 콘텐츠를 소개하며 사업을 하고 있는 것이다. 구성원들이 견학자가 많은 유명한 기업에 다닌다고 하는 자부심을 느끼는 부분이기도 하다.

다섯째로 사회와 소통하며 구성원의 자부심을 높여준다.

1965년 창업 이래 적자가 없는 기업이 된 것은 창의적인 아이디어 덕분이다. 또한 사회적인 역할을 하고 있기에 지역의 맹주가 될 수 있었다. 3년에 한번은 시민회관에서 유명극단이나 볼쇼이발레단을 초청하여 무료로 지역의 주민들의 문화수준을 높이는 공연을 개최한다. 이를 통해 미라이공업이 지역에 함께 있다는 것의 소중함을 주고 사원들에게는 지역사회에 공헌하는 기업의 구성원으로서 자긍심도 크게 해준다.

인재들이 생각하는 것의 가치가 더욱 크게 느껴지는 시대이다. 한국의 우량기업들도 외국인들에게 부분적으로 오픈을 하면서 국내외의 다양한 생각을 접하는 계기가 된다. 또한 기업의 이미지를 그들에게 심어주는 것도 중요한 마케팅전략이 될 수도 있음을 미라이 공업에서 보여주고 있다. 견학을 다녀온 기업에 대해서는 친근함이 느껴진다고 말하는 것을 많이 보고 있다. 보여주면 경쟁기업이 따라 온다고 걱정하는 것은 잘못이다. 그렇게 간단하게 따라오는 현장이라면 보여주지 않아도 생명을 다한 것이다. 매달 방문할 때마다 많은 변화를 설명하는 그들에게서 역시 보여주지만 지속적인 변화를 하고 있기에 자신감이 가득함을 알 수가 있었다. 제조기술에서 현실에 머물지 않고 항상 앞서가도록 구성원들에게 노력하는 동기를 부여하는데 오히려 더 큰 도움이 된다는 사실이다.

5.2 일본전산 : 사장의 꿈과 신념을 공유

"우리 함께 도전하여 모터분야에서 세계 최고기업을 만들고 싶어요. 이 꿈을 함께 이루어 봅시다." 인재를 확보하는 방법이 독특하기로 유명한 일본전산의 나가모리 사장의 이야기다. 그는 100여명의 적은 규모였을 때 신입직원을 선발하면서 4시간 이상 진지한 대화를 했다고 한다. 사장의 꿈을 이해시키고 사장의 꿈의 실현에 동참해줄 것을 요청한다. 사원을 선발할 때 오히려 사장이 신입 예정자에게 부탁을 하며 대화를 하는 것이다. 필자가 일본 연수를 진행하면서 특강 강사로 초청하면 인기가 높은 분이 있다. 일본전산에서 인사 총무 담당임원으로 정년퇴직을 한 노무라 노리오 선생이다 그는 "내가 일본전산에 입사를 할 때 작은 기업이지만 나가모리 사장의 진정성과 열정에 반해서 입사를 결정했지요. 그의 꿈을 듣고 함께 꿈을 실현하기 위해 신념으로 불타는 31년을 보냈다."고 회상을 한다. 결국 일본전산은 모터분야 세계 최고의 기업을 이루었고 2016년 12조 원이 넘는 매출에 12% 이상의 이익을 올리고, 2017년은 매출 14조 원을 달성하였다. 이제는 어느 기업이든 인수를 하면 1년이면 이익을 내는 기업으로 만드는 신화를 창조하고 있다.

기업이 이익을 내는 것은 고객을 행복하게 하고 그들이 이익을 얻게 만드는 기업일 때 가능해진다. 그런데 이러한 힘이 나오는 핵심이 있다. 바로 기업 내부 사원들이 긍정적인 꿈과 신념이 넘치도록 하는 것이다. 일본전산은 명확한 성공의 요소가 있었다.

▶ 할 수 있는 목표가 아닌 "해야만 하는 1등 목표"
▶ BPI(Blue Print Innovation) : 청사진 혁신

Revenue Growth : The Masses versus Blueprint Companies

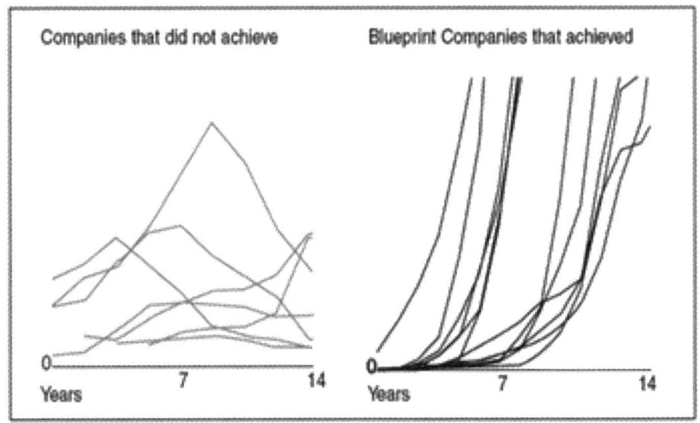

Source : Standard & Poor's Compustat, Blueprint analysis

첫째로 명확히 함께 도전할 청사진을 제시한다.

일본전산이 1973년 창업이래 인수한 230개의 기업을 흑자로 전환을 시키는데 대체적으로 2년이 걸리지 않았다. 비결은 간단

했다. 인수하자마자 모두가 청소를 하고 정리정돈을 하게한다. 그리고 인수를 한 기업으로서 찾아가 무엇을 하면 흑자로 전환이 가능한지 함께 정리를 하고 도전할 목표와 달성 후의 모습인 청사진을 만든다. 이제 남는 것은 목표를 달성하는 것의 중요성 인식과 바로 실행이다. 그때부터 청사진을 바라보며 "즉시 한다. 반드시 한다. 될 때까지 한다."는 구호를 매일 반복하여 외치게 한다. 200개의 인수 기업이 1년 후에 흑자로 전환이 되었기에 도전할 목표인 청사진의 힘이 얼마나 대단한지 생생하게 보여준다. 명확한 청사진은 협력을 얻어가고 열정을 불태우는 에너지였다.

둘째로 반드시 성공한다는 신념을 갖게 해준다.

기업에서 사원들이 신념을 갖게 만드는 힘은 사장의 꿈을 공유하는 노력에서 온다. 일본전산이 10년이 채 안된 아직은 작은 중소기업 시절의 이야기다. 나가모리 사장이 대기업으로부터 크기와 무게를 반으로 줄인 모터를 개발해 달라는 주문을 받아왔다. 어렵다는 것은 알지만 일감이 너무 부족한 시기이기에 한번 해보자는 심정으로 엔지니어들을 모아 놓고 토론을 벌였다. 모두가 불가능하다는 결론을 내고 있었다.

그때 나가모리 사장은 "쉽지 않다는 것은 안다. 하지만 이러한 과제를 해결하지 못하면서 일류기업으로 갈수는 없다. 모두 어깨동무를 하고 외쳐보자. 우리는 이것이 안되면 끝이다.", "우리는 할 수 있다. 된다! 된다! 된다!" 처음의 예정은 500번 이상으로 일본전산의 강령그대로 된다고 할 때까지 밀어붙이려고 작정을 했다. 200번 정도 외치자 엔지니어 한사람이 "사장님 될 것 같은 기분이 듭니다."라고 말한다. 어렵다, 무리다, 불가능하다고 생각하는 동안에는 머리속에는 부정적인 바이러스로 가득해지기에 가능한 방법은 자리를 못 잡는다. 그들은 같은 주문을 받은 많은 대기업들도 포기한 시제품을 가장 먼저 제출하였고 이후 열정을 인정받으며 큰 물량을 수주하게 된다. 결국 소형모터에서 70% 시장점유율을 확보하며 세계 최강자로 올라서는 계기가 되었다. 그들에게는 도전의 성공체험이 "하면 된다는 신념"으로 바뀌어 있었다. 실패를 두려워하며 도전이 없는 기업은 실패도 없지만 미래도 없다. 일본전산이 쓰지 말아야 할 단어로 제시하는 것은 "그것은 무리다. 어렵다 안된다"라는 말이다. 이 단어를 쓰는 순간에 우리 머리는 즉시 안되는 이유를 찾고 안되는 이유를 만든다는 것을 알고 있다. 그래서 어려운 일에 임하는 순간 "YES YES YES 된다 된다 된다! 다시 한번 시작하자"고 외친다. 된다고 생각하면 어느 순간 되는 아이디어가 떠오른다고 한다. 뇌는 어렵다는 생각이 드는 순간부터 어려운 이유를 만들어 낸다는 사실이다. 어느 쪽이 이익이 되겠는가. 결국 결코 포기하지 않는 긍정의 사고가 돈이 된다. 반드시 된다고 생각했을 때 이룰 수 있기 때문이다.

예스라고 말할 때마다 가능성을 포착하게 됨을 일본전산은 실적으로 보여주고 있다.

셋째로 열정을 갖고 협력하는 문화를 만든다.

일본전산의 진정한 인재는 열정을 가지고 있으며 협력을 잘하는 사람으로 정의한다. 열정은 "목표로서 어떤 일에 열중하는 감정"을 말한다.

"일본전산의 성과를 내는 요인을 살펴보면 가지고 있는 지식과 능력만으로는 5배정도 밖에 차이가 없다. 하지만 열정을 가지고 협력을 하며 목표에 도전하는 사람은 100배의 성과 차이를 만든다"고 노무라씨는 소개한다. 개인의 능력보다 열정, 협력이 더 중요함을 분명히 한 것이다. "우리에게 일류의 인재는 오지 않아요. 소니나 NEC, 파나소닉과 같은 일류기업이 다 차지하고 남는 어찌보면 이류 인재를 선발해야 했지요. 하지만 20년간 그들의 2배가 넘는 이익을 올리니 우리가 이기고 성공을 한 것입니다. 일류대학을 나온 능력을 가진 사람을 뽑지는 못하지만 열정과 집념이 있는 인재로 높은 성과를 내는 능력을 갖게 만드는 것은 가능합니다". 인재가 오지 않는다고 푸념하는 기업에게 충고로 다가온다. 꿈이 작고 열정과 신념이 없다면 기업이 커 나가지 못함도 명확히 알게 해준다. 작기 때문에 스스로의 한계를 만들 것이 아니라 작아서 더 강점이 많음을 먼저 깨달아야 한다고 충고한다.

넷째로 고객의 만족과 문제 해결에 집중한다.

고객은 기업의 규모를 보는 것이 아니라 그들이 만든 제품을 보고 만족을 한다. 품질과 가격, 납기 그리고 서비스가 만족요소이다. 그리고 이것을 브랜드화하면 된다. 작은 기업일수록 재빠른 의사 결정이 가능하고 고객에게 밀착하여 그들의 요구를 신속하게 들어 줄 수 있다. 전체적인 규모의 비교가 아니라 특정 사업분야에서 이기면 된다.

이러한 에피소드도 있다. 금요일 저녁 고객으로부터 전화가 걸려 왔다. 사실 그들은 도시바의 제품을 쓰고 있었다. 그런데 모터 부품의 불량으로 도시바에 전화를 걸었는데 담당의 퇴근으로 대응이 안되자 일본전산으로 급히 협력을 요청한 것이다. 즉시 대응 팀을 꾸려 철야와 휴일근무를 통해 월요일 아침 생산이 시작되기 전에 모터를 납품을 하였다. 이후 모든 모터의 발주는 일본전산으로 전환이 되었다. 일본전산은 어떠한 경우에도 고객의 요구와 문제를 해결해주는 기업이라는 이미지가 붙은 것이다. 이것이 기업의 생존 방법이다. 언제나 반전의 기회는 열려있다. 고객의 문제 해결 속에 사업의 기회가 있었다.

다섯째로 예절도 중요한 기업의 경쟁력이다.

고객에게 인사를 할 때 인사의 각도가 정해져 있나요? 연수생 모두가 어리 벙벙해진다.

"그런 것을 정한 것은 없습니다.", "그러면 공손하게 손님을 맞이할 때 두손을 앞으로 모으는데 왼손이 앞에 나오나요 오른손이 앞에 나오나요?" 또 한번의 쇼크다. "고객의 응대 방법이 중소기업의 경쟁력"이라고 강조한다. 고객의 신뢰를 받으려면 기본이 갖추어져 있어야 한다. 왜 왼손이 위에 오는가하는 설명에서 오른손잡이를 기준으로 하지만 왼손이 더 예쁘다는 것이다. 고객에게 조금이라도 더 기분 좋은 모습을 보여주고 싶은 것이다. 많은 기업에서 5S를 말하지만 일본전산에겐 고객에게 좋은 인상을 주기위해 6S로 "스마일"이라는 것이 하나 더 있는 것이 특징이다.

일본전산은 중소기업들을 인수합병하면서 성장을 하였다. 기업의 대들보가 되는 인재의 품질이 성장의 씨앗이 되지만 그것을 결정하는 DNA는 리더인 사장의 꿈과 신념에 있었다. 함께 달려갈 청사진을 제시하고 열정으로 도전하는 문화를 만들어 성공하였다. 또한 고객도 인간이기에 그들을 대하는 환한 미소로 바른 예절이 중요하다. 고객과 인간적인 예절도 있지만 자연을 보호하는 예절, 자신들이 만드는 제품을 대하는 예절, 자신이 근무하는 기업에 대한 예절이 함께 중요하다. 지속생존과 성장의 꿈을 가진 기업의 리더와 구성원들이 염두해두어야 할 덕목이기도 하다.

일본전산의 성공요소

1. *도전의 명확한 청사진 함께 만들기*
2. *성공에 대한 신념*
3. *열정과 협력의 문화*
4. *고객만족과 문제해결에 집중*
5. *고객, 제품, 기업에 대한 예절*

5.3 나베야바이텍 : 458년 역사의 장수비밀

일본 기후현에 1560년에 설립하여 458년의 역사를 자랑하는 매출 900억 원의 중견기업이 있다. 창업 당시 철을 녹여 만드는 주물과 이를 가공하여 무쇠 솥이나 칼을 만들었다. 그래서 회사 이름도 나베야였다. 무쇠 솥을 만드는 집이란 뜻이다. 당시 쇳물을 녹여 제품을 만드는 주물은 첨단이라 부를 만큼 앞선 기술이었다. 바이텍은 첨단기술을 말한다. 이른바 전통과 첨단의 융합 기업이란 의미를 갖고 있다. 이 기업의 특징은 규모의 성장을 목표로 하지 않는다. 선조 21대를 이어왔지만 앞으로 또 542년의 역사를 만들며 1000년 기업으로 가늘지만 긴 수명을 목표로 달린다. 이러한 장수기업에는 가문의 명예를 건 독특한 생존 전략이 있었다.

첫째로 대량의 주문을 사절한다.

토요타를 포함한 대기업에서 나베야바이텍의 실력을 인정하고 거래를 자주 요청해온다. 하지만 모두 거절하였다. 수량이 너무 많다는 이유다. 수용을 하면 대량 생산의 설비를 들여야 하고 공장을 확장하여야 한다. 그리고 가장 문제가 되는 것은 끝없는 단가삭감과 주문이 줄어들 때 고정비 비율의 증가이다. 또한 불황이 오면 인원감축의 고민을 해야 하는 것이 뻔히 보이기 때문이다. 1개 고객기업의 100개의 주문이 아닌 100개 고객의 1개씩 다른 주문을 환영하는 기업이 된 이유이다. 1000년 기업으로 가는 길을 걷는데 필요한 나름의 기준이었다.

둘째로 1개의 소량 주문을 아주 반갑게 수주한다.

"1개의 주문을 받습니다." 그들이 고객들에게 표명하는 슬로건이다. 일반기업은 10개의 최소주문과 같은 수량의 단위가 있어서 고객들은 1개가 필요할 때 사용 계획이 없는데도 10개를 사서 9개를 재고로 두거나 결국 버리게 만든다. 따라서 그들은 1개 주문을 받는 영업을 시작하며 인기를 얻은 것이다. 소량의 주문은 단가를 높게 책정해도 고객의 불만이 별로 없다. 필요할 때 필요량만 주문에 응해주기 때문이다.

하지만 매출이 적은 것이 문제였다. 따라서 아주 다양한 종류의 제품을 개발하여 취급하게 된다. 산업용 기계부품으로 보면 3천 종류가 넘는다. 1개 단위의 생산이 많고 많아도 10개 미만이 대부분이다.

여기서 단가를 맞추기 위해서는 독특한 전략이 필요했다. 보유한 600대가 넘는 자동설비를 80% 이상 사내에서 사원들이 직접 만들었다. 시중의 10% 정도의 투자로 설비가 만들어진다. 제품을 개발하고 생산하는 능력만으로는 안 된다. 그 제품을 신속하고 저렴하게 만들 수 있게 생산설비를 직접 만들어서 원천적 경쟁력을 만든 것이다. 고정비가 거의 없어지며 소량으로 생산하고 기계가 쉬고 있어도 원가상승의 걱정이 별로 없다. 불황에 강해진 것이 450년이 넘는 기업수명을 만든 원천이다.

하지만 설비는 쉬어도 사람만은 쉬어서는 안 된다. 그래서 다능화를 중시한다. 작업자가 여러 다른 공정에 이동하여 작업을 해도 불량을 내지 않는 다능력자로 양성한다. 이것은 타 기업이 감히 경쟁하려고 뛰어 들지 못하게 하는 강력한 보호막이었다.

셋째로 바이텍이라는 이름과 같이 전통산업과 첨단부품을 함께 생산하고 있다.

쇳물을 주형에 부어서 만드는 제품을 만드는 주물은 매우 오래된 업종이고 이른바 3D업종(더럽고, 위험하고, 힘드는)이다. 하지만 그들은 3D 업종이 아니라고 주장한다. 그들의 공장에 가보면 진정한 의미를 알게 된다. 절대 더럽지 아니하고 위험하지 않으며 힘드는 일은 거의 없다. 자동화가 많이 진행이 되어있고 믿을 수 없을 정도로 깨끗한 현장이다. 하지만 굴뚝 산업만으로 구성하지 않았다. 그들이 판매하는 상품의 40% 가까운 1,300여 개의 부품은 첨단에 들어가는 것들이다. 인공위성에 사용하는 동력전달용 커플링과 같은 초정밀 부품과 반도체나 LCD장비에 쓰이는 고품질의 스크류 등을 만든다. 모두가 아주 높은 부가가치가 있는 부품들이다. 젊은이들이 높은 급여를 주지 않지만 지원자가 몰리고 이직을 거의 하지 않는다. 우주선이 우주에 오르면 "우리가 만든 부품이 우주로 날아갔다"고 자부하는 사람들이다.

넷째로 종업원과 주변 주민이 하나가 되는 착한 기업이다.

공장에 들어가는 입구에는 지역의 이름을 붙인 세끼공원이라고 적혀있다. 공장이 아닌 공원이다. 주변이 아늑하게 숲으로 둘러싸여있고 공장의 입구에는 수위실이 없다. 오히려 미술품전시관 갤러리가 있고 앞에는 푸른색 풀장이 위치한다. 물을 품어 순환시키며 자갈 위로 물을 흘리고 있는데 듣고 있자면 물 흐르는 소리가 일품이다. 여름에 주말이나 휴일은 지역 주민에게 무료 개방이 되어 사회에 공헌하며 사랑을 받는 기업이 되어있다. 사원들에게는 일터이며 지역 주민에게는 즐거운 놀이터가 되어있다.

기업은 이익을 취해야 하기도 하지만 지역의 주민에게 복지 혜택을 제공하며 OPEN 기업으로 공생한다. 사원과 지역주민을 위해 음악회를 열고 유명 화가의 작품을 ART ROOM에서 무료로 전시한다. 본관 건물의 입구에는 유리창 넘어 사장실이 위치한다. 고객이 찾아오면 사장이 직접 반갑게 맞이하기 위해서다. 수위실은 없고 공장의 전원이 수위라고 생각한다. 주민들이 인정하는 기업인 나베야바이텍은 그래서인지 인재들이 몰리고 자부심이 가득한 기업으로 기후현의 맹주가 되어있다.

기업은 크기가 생존의 조건은 아니었다. 작아도 생존의 방법이 있었다. 지역의 주민을 배려하고 함께 공생하며 존경을 받을 수도 있다. 세계를 주름잡던 규모가 큰 대기업 노키아는 과거의 성공에 자만하며 안주, 혁신이 늦어 퇴출이 되었던 것이다. 어려운 불황을 이기지 못하는 기업은 긴 수명을 누리기 어렵다. 장수기업의 지속가능경영전략에서 지혜와 혜안을 얻어야 할 때다. 기업은 장수할 때 사회의 공기가 될 수 있음을 보여준다.

5.4 혁신모델 LS엠트론 심재설 사장과 SONY 오가사장

"즉시 한다. 반드시 한다. 될 때까지 한다." 혁신기업으로 선정이 된 LS엠트론의 현장 곳곳에 붙어있는 구호다. '트랙터 분야 국내 1위, 1999년 하반기 이후 8년 만에 매출 5,500억에서 2016년 2조 530억으로 3배 이상으로 급성장했고 1년에 네 번 신입사원을 뽑는 기업이다. 이 기업을 혁신기업 모델로 거론한 것은 국가에서 바라는 기업의 성장과 일자리 창출의 으뜸기업이 되었기 때문이다. 이 회사는 바로 2009년 적자사업부문 8개를 묶어서 만든 기업이지만 1년 만에 모두 흑자로 반전시키며 최고의 혁신기업으로 만든 지휘자 심재설 사장이 있었다. 지금은 물러나 고문으로 있지만 심사장은 의외의 장기가 있었다. 사진 출품을 한 적이 없어 아마추어라고 한다 그러나 그의 작품으로 가득한 카페 해피투게더를 방문해보면 바로 프로이상의 사진작가임을 알게 된다. 심사장은 "인생은 제대로 된 사진 한 장을 얻기 위해 끊임없이 열정을 쏟아 붓고 어려움을 극복하는 과정과 다르지 않다"고 역설하며 한장의 사진에 의지를 담아낸다. 이른바 사진과 경영의 융합을 만들어갔던 것이다.

이는 바로 LS엠트론을 경영하는 철학의 근본이 된다. 작품의 가치가 높은 사진의 한 컷이 우연에서 올수도 있지만 대부분 철저하게 기획하고 준비하여 얻어낸 것이었다. '덕유산의 아침' 새해 일출 명품 사진이 있다. 한 컷을 찍기 위해 영하 30도가 넘는 혹한에도 미리 올라 캄캄한 산 정산에서 몇 시간을 꼬박 기다려 마음에 드는 사진을 찍는데 성공한 것이었다. 더더욱 사람의 발길이 닿지 않는 중국 타클라마칸 사막 모습을 카메라에 담기 위해 최적의 장소를 찾아 헤매다 길을 잃어버린 적도 있을 정도다.

바로 "사진 경영"에서 참을 인(忍)의 사고와 도전의 열정을 이해하게 된다. 기업의 경영은 인재가 성장하는 것을 기다리고 고객의 변화를 읽고 찬스를 기다리다보면 최고의 순간이 온다. 이때 사진으로 잡아내듯 신속한 의사결정으로 포착된 기회를 실행하는 결단이 중요하다. 그는 2008년 말 취임하고 즉시 전사원에게 혁신사관학교에서 혁신교육을 실시했다. 운전수와 비서 그리고 해외 중국인 1,200명도 교육에서 예외가 없었다. 모든 사업이 적자이고 금융위기 등 경영환경은 최악이지만 "구성원들이 주인의식을 가지면 현장이 달라질 것"이라는 확신을 가지고 교육을 하며 인원의 구조조정 없이 믿고 기다렸다.

모든 교육 차수마다 찾아와서 자신의 꿈과 비전을 전했다. 6개월간 29차수나 되는 혁신교육에 한번도 빠지지 않았다. 그는 창조혁신은 바로 "일상의 재발견에서 얻고 낭비제거를 통해 600억의 원가절감을 달성하는 것"이 시작이라고 강조했다. 이 목표를 달성하면 적자 기업에서 처음으로 흑자를 내며 생존하는 것이 되고 여러분이 희망하는 좋은 직장을 만드는 대박의 시작이 될 것이라고 했다. 결국 퇴출 직전의 8개 사업부들이 최악의 금융위기를 겪는 경제 환경속에서도 줄줄이 흑자로 전환이 되며 2009년 취임 2년차부터 흑자를 만들었다.

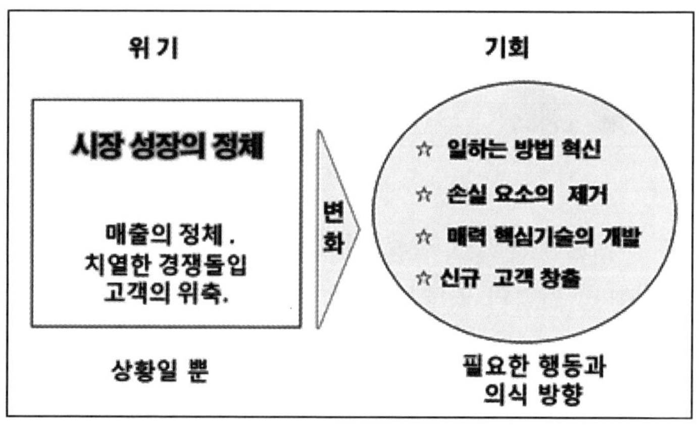

▶▶ 위기를 돌파하고 기회를 만드는 실행방향

그의 열정과 신념으로 잡아낸 명장면의 사진은 CEO의 싸인과 함께 LS엠트론의 공장과 사무실 곳곳에 걸려있다. 그리고 수많은 고객의 사무실에도 달력이 되어 걸려있다. 사진은 CEO와의 소통의 소재이며 "도전과 열정"을 사원과 고객에게 전하는 메시지였다.

이렇듯 혁신은 기업에서 경영자의 특기가 융합되고 인재육성을 통해 소리없이 전개가 되었다. 기업생존의 필수 요소이기 때문이다.

지금은 혁신기업에서 제외되는 듯이 보이는 소니의 일화이다. 소니가 진정한 세계적인 전자기업으로 떠오른 것은 오가 노리오라는 사장이 취임을 하면서 부터이다. 오가는 유럽의 오페라 공연에서 활동을 하던 가수였다. 소니의 창업자 이부카 마사루는 유럽에 출장을 가서 오가노리오가 출연하는 오페라를 보면서 크게 감동을 한다. 이때 이부카는 고객에게 그 큰 감동을 생생하고 현장감 넘치는 소리로 전하는 제품을 꿈꾸게 된다. 그때부터 이부카는 오가라는 오페라 가수를 임원으로 영입하기 위해 몇 년간 삼고초려하여 결국 성공한다. 얼마 있지 않아 오가를 사장으로 발탁을 했을 때 세상은 이부카의 선택에 놀랐다. 모두가 그는 성악과 오페라 가수 출신으로 최고경영자감이 아니라고 생각한 것이다. 하지만 그는 고객이 원하는 음의 세계를 알고 있었고 현장감 넘치게 감동적으로 음을 전달하는 제품을 집중 연구하게 만든다. "감동과 공연의 현장감 있는 소리"라는 개념이 제품화 된 것이 바로 워크맨이다. CEO의 꿈과 이를 실현한 기술자들이 만나 소니는 변신이 시작이 되었다. 그가 사장으로 재직하는 동안 소니는 세계를 주름 잡는 혁신기업이었다. 주주 총회나 주주를 위한 IR 이 있을 때 그는 가수로서 노래를 불렀고 모두가 감동하고 박수를 치는 가운데 등장하여 자신이 사장임을 밝혔다. 얼마나 소니 다웠는가? 소니는 오가 사장으로 하여금 명품의 이미지가 만들어졌고 소니와 함께 하는 고객, 주주, 종업원 모두에게 자부심을 안겨주었다. 이후 소니는 영화와 게임산업으로 확장이 일어나며 첨단 제품을 만드는 기업에서 "고객의 감동과 즐거움"을 만드는 새로운 개념의 기업으로 새로운 시대를 맞이하며 부활을 준비하고 있다.

사진작가가 이끄는 LS엠트론, 오페라 가수가 이룩한 소니에서 고객과 융합을 통한 창조적 혁신의 단초를 발견한다. LS엠트론의 현장에서 "불가능을 가능으로 만들고 혁신으로 비상하라" 슬로건이 의미심장하다. 이제는 후배에게 물려주고 떠났지만 경영의 마이다스 심사장은 꿈을 "사진"으로 소통하며 격조 있고 품위 있는 기업을 만들어냈던 것이다. 또한 함께하는 고객, 종업원에게 자부심을 주며 LS엠트론은 한국의 대표적인 혁신성공기업으로 날아올랐다. "혁신으로 비상하라" 그가 재직하던 시절의 슬로건이다. 젊은이들이 일자리 구하기의 어려움을 호소하는 이때 한국경제성장의 동력을 만들 이러한 혁신기업을 의미 있게 바라보는 이유다.

5.5 새한전자 : 인재육성이 핵심경쟁력

"즉시 한다. 반드시 한다. 될 때까지 한다." 충주에 있는 중소기업의 공장 입구에서 만나는 구호이다. 그들은 사출부품과 자동차와 목재용 스크류를 만드는 기업이다.

그 회사를 운영하는 정순일 사장은 "저희는 3만 달러의 소득시대에 적합한 사업을 하기위해 노력하고 있습니다. 혁신사관학교에서 실시하는 혁신기본 교육을 받고 난 이후 현장 개선의 지도를 받으며 회사의 경쟁력은 획기적으로 올랐습니다. 매출이 1999년 130억 매출과 적자에서 2016년 300억, 2017년에는 400억을 했습니다. 18년에는 전 사원이 함께 꿈으로만 그리던 고도성장의 기반을 다지는 500억을 목표로 하고 있고 여러제품에서 이익도 5% 이상 실현하고 있습니다. 또한 한샘등 대기업의 여러 곳과도 신규거래가 되고 있어요."라고 소개한다.

그는 산업구조의 변화로 이름조차 사라진 새한미디어라는 대기업에서 30년을 사출부문의 책임자를 맡아왔다. 그때 백혈병으로 죽을 고비를 맞이한다. 3년간의 사투 끝에 어느 천사의 도움으로 수술을 받아 이제는 술 한 잔 해도 되는 정도의 건강을 되찾았다. 제2의 인생을 사는 그는 돈을 버는 것에 대한 미련은 없었다. 병이 완쾌가 되자 그에게 기회가 왔다. 그동안 담당해온 새한미디어의 일부사업부를 낮은 가격으로 인수해달라는 제안이 온 것이다. 전 재산을 걸고 친구의 협력을 얻어 사출과 스크류공장을 인수하고 새한전자로 명명하였다. 사업의 시작은 500%가 넘는 부채로 은행에서 쳐다보지도 않는 기업이었다.

그런데 위기는 기회를 머금고 있었다. 사원들도 많이 그만두고 있었고 미래가 보이지 않는 사업 분야인 사출만으로는 이익을 낼 수가 없었기에 인수하자마자 그는 결심을 하게 된다. 1차로 현재는 낮은 급여 수준이지만 사원들에게 회사의 미래 꿈을 보여주고 사장의 진심을 알리는 일을 시작한 것이다. 그리고 이를 구체적으로 실천하는 도전을 시작한 것이다.

첫째로 중소기업이지만 자사의 기술력을 확보하기 위해 신제품 개발실을 만들었다.

사출이 전문 분야이지만 전혀 경쟁력이 없었다. 다른 분야를 검토 해보지만 케이스의 고정을 위해 만드는 작은 규모의 스크류 생산 라인이 전부였다. 그러나 새로운 희망은 있었다. 스크류 제조기술을 이용하여 목재와 자동차 전자제품의 조립에 필요한 스크류로 용도를 확장하는 것이었다.

10원이 안 되는 작은 스크류를 만드는 것이기에 대부분 영세기업들만이 참여를 하고 있었지만 조립에서 겪은 경험을 기반으로 완벽 품질의 스크류를 만들고 기능성 목재용 스크류를 개발하였다. 결과는 대박이었다. 년간 6천만 원 정도의 매출을 하던 스크류 분야에서 월 10억의 시장을 만들었다. 영세 기업들이 낮은 이익의 상황에서 높은 물류비용 등을 감당하지 못하고 넘어지는 시장에 대량으로 좋은 품질경쟁력을 가진 강자가 되어 나타난 것이다. 2년 만에 시장 점유율 34%를 달성하여 소형 스크류 분야에서 1등이 되었다. 이후에도 지속적으로 노력한 결과 2017년에는 70%의 시장점유율에 도달하였다.

둘째로 사원들의 의식을 바꾸는 전 사원 혁신교육을 하였다.

“경험을 가진 사원들이 재산이란 것을 제대로 깨닫고 있습니다. 오너사장이 되기 전에는 일에 그리 전념을 하지 않았어요. 회사가 어렵다고 하지만 여유가 있었고 개인적인 일이 우선인 경우가 많았는데 이제 오너가 되고 보니 사원들의 심정을 이해하게 됩니다. 그리고 문제투성이의 현장이 눈에 들어옵니다.”

그는 혁신교육을 통해 그들의 의식을 바꾸는 도전을 했다. 혁신사관학교에 전 사원을 입교시킨 것이다. 그리고 스스로도 함께 참여했다. 왜 변화를 해야 하는지 배우고 밤을 새우는 토론을 거치면서 사원들도 공감을 하기 시작하였다. 우선 목표를 가져야한다는 사실과 이를 실행하는 것의 중요성에 어렵지만 모두가 동의를 해주었다.

교육을 이수한 1개월 후 현장은 많은 변화를 했다. “스스로 페인트를 칠하고 청소를 하고 불용자재를 몽땅 꺼내 폐기를 했어요. 공장의 이미지가 극적으로 변화를 하였고 고객이 방문해오면 깨끗하게 변한 현장을 안내하는 것이 곧 영업”이라는 것을 깨달았다.

즉시 혁신팀장을 영입하고 혁신활동 전시실도 만들었다.

처음에는 혁신활동을 의심하고 “해고나 구조조정을 하려는 것”이란 소문이 많았다. 그러나 이제는 우려가 사라지고 성과가 오르지 보너스도 추가로 받으면서 반드시 해야 하는 것이 혁신이라는 인식을 하게 된다. 혁신은 바로 “고객중심으로 바뀌는 것이며 실행중심으로 변화하는 것이란 것”을 제대로 이해 한 것이다. “하면 된다”는 것도 깨닫게 된 것이다.

셋째로 사원들의 건강을 지키는 금연 운동을 즉시 전개하였다.

혁신교육을 실시한 직후 담배 피우는 것이 얼마나 건강에 해로운지 알고는 있지만 실천을 하지 못한다는 것을 알고 "혁신은 실행이다"라는 정의를 바탕으로 즉시 금연운동을 전개하였다. 호텔을 빌려 금연 결의대회를 갖고 금연을 시작하는 자를 대상으로 50만 원을 금연성공 축하금으로 지불하고 비 흡연자도 30만 원을 지급하였다. 아쉽게 애연가 몇 명이 퇴사를 하는 상황이 벌어지긴 했지만 8년이 지난 지금 그 누구도 담배를 피우는 자는 없다. 이제 "사장이 도전한 최고 걸작은 금연성공"이란 말이 돌게 되었다. 유명 경제신문에서도 많이 등장하는 뉴스를 만드는 기업이다.

금연운동 성공은 이제 혁신의 도전에도 커다란 성공체험으로 가속도를 붙여주고 있다.

넷째로 전 사원이 함께 도전할 목표와 행동지침을 정했다.

아침마다 도전할 목표를 제시하며 "즉시 한다. 반드시 한다. 될 때까지 한다."를 크게 외친다. 이제는 형식적인 회의를 하지 않는다. 혁신추진실에서 실질적인 실행 회의가 신속하게 진행이 된다. 각 현장마다 도전할 목표가 보이고 실행현황이 눈에 들어온다. 관리자들이 솔선하여 현장을 가꾸고 쉬는 날도 나와서 페인트칠을 한다. 참으로 빠르게 눈을 떴다. 고객을 연구하면 길이 보인다는 것을 알았다. 옆 기업에서는 일이 없어서 노조원들이 빨간 옷을 입고 투쟁이란 구호를 머리에 두르고 다니고 있었다.

다섯째로 실천을 이끌 혁신특공대를 양성하기 시작을 하였다.

충주 상공회의소와 충주시의 지원을 받아 3개 기업이 공동으로 4개월간 TPS현장혁신 교육을 받는 혁신특공대를 양성하기 시작하였다. "저는 이제 현장의 경쟁력이 무엇인지 알았습니다. 사람입니다. 사람이 바뀌면 경쟁력은 저절로 생기게 됩니다. 혁신특공대는 이제 일류 직장을 만들고 가장 경쟁력 있는 물건 만들기를 통해 사회에도 기여하는 기업을 만드는데 있습니다." 사장은 이제 혁신의 신봉자가 되었다. "지금은 전월대비 3배로 주문이 밀려 인력의 여유가 없지만 미래의 여유를 만드는 도전이지요. 이제 낭비를 제거해 지혜롭게 일을 하고 싶습니다. 낭비적인 일에 시간을 보내면서 바쁘다고 미래를 준비하지 않으면 희망이 없다고 생각합니다." 혁신특공대원으로 제조혁신을 이끄는 반용국 부상의 말이다.

많은 기업이 자금이나 인력의 여유가 없다고 한다. 그러나 필자는 다르게 본다. 그들에겐 미래를 보는 여유가 없고 고객의 변화를 보는 여유가 없는 것이다. 중요한 것은 인재양성이 미래를 열고 진정한 경쟁력을 만드는 것이라는 사실이다. 대부분의 기업이 인재육성의 투자를 하고 성장하는 것을 바라볼 여유를 가지고 있지 못하는 것은 문제이다. 이것은 혁신특공대를 양성하여 큰 성과를 이루어내고 지속적인 성장을 이루면서 일류기업으로의 도약을 꿈꾸는 기업을 보면서 느낀 소감이다.

5.6 식당에서 던져준 서비스업 혁신의 교훈

"우리 식당에 오시면 행복하고 건강해집니다."

오후 3시가 되었으니 텅텅비어 있어야 할 식당이 손님으로 북적거린다. 식사를 하는 손님들이 모두가 행복한 얼굴이다. 이시간이면 어느 식당이던 종사원들이 쉬면서 저녁의 식사 준비와 여유 있게 잡담으로 보낼 시간이다. 그러나 이 식당은 다르다. 종업원들이 쉴 틈 없이 움직이고 있었다. 요리명칭은 평범한 설렁탕이나 도가니탕이 주 메뉴이지만 음식을 만드는 철학이나 신념은 차별화가 명확히 되어 있었다. 덩달이 이 식당을 찾은 필자도 기분이 좋다. 벽에는 이렇게 쓰여 있었다.

"저희집 설렁탕 국물은 전통의 비법대로 고아낸 보약 같은 진국입니다."

여느 식당과 전혀 다른 것은 식당입구에 들어서면서 주방에서 펄펄 끓이고 있는 뼈 국물을 만드는 가마솥을 투명유리로 보여주는 것이었다. 그리고 이렇게 약속을 하고 있다 "국물을 진하게 만드는데 다른 첨가물을 넣어 농락을 한 것이면 10억을 배상하겠습니다" 고객에게 대한 보상도 화끈하다. 분위기는 다르지만 단지 식사를 하러 들어간 곳이 아닌 어머니가 만드는 정성이 가득한 보양음식을 먹기 위해 시골집에 앉은 느낌이었다. 사실 전에 한번 가본 곳이기에 아내도 좋다고 환영이었다. 이 식당은 상품으로 보약 같은 진한 설렁탕과 맛있는 김치가 있고 고객이 원하는 적성 가격에 품위를 갖게 음식을 만드는 장인의 스토리가 있었다.

또 하나 일본의 식당이 생각난다. 언제나 손님이 북적이고 예약을 하지 않은 사람들은 길게 줄을 서는 일본 전통요리식당이다. 그런데 음식만으로 고객을 감동시키는 것이 아니었다. 손님이 많아서 입구에서 30분 이상을 기다리게 되는데 사전에 대기자 명단을 쓰게 한다. 그들은 헛되게 기다리지 않았음을 자리를 잡으면 알게 된다. 그들이 앉은 테이블로 환영사가 담긴 컵이나 음료 잔의 받침이 도착하기 때문이다. 사각형으로 만든 두툼한 종이 받침에는 예약을 받으며 알아둔 손님의 이름이나 회사명이 예쁜 글씨체로 아름답게 쓰여 있고 매 사람마다 다른 메시지가 담겨있다.

"정 사장님께, 우리는 기쁜 얼굴 밝은 인사를 나누기위해 정성을 다합니다. 인사는 자신이 상대에게 자신의 마음을 여는 것입니다. 고객님과의 만남을 감사하며" 사람마다 다른 메시지가 쓰여진 컵 받침을 아까워서 쓰지 못하고 보면서 한동안 재미있는 대화를 즐긴다. 당연히 주문한 음식에서도 더욱 큰 그들의 정성을 느끼게 된다. 음식값은 비싸지 않지만 그들이 만들어내는 정성으로 함께하는 사람에게 소중함을 전달하는 품위 있는 장소가 되어 있었다. 위의 두 식당에서 기업의 생존의 방법을 발견하게 된다.

첫째로 고객이 느끼는 차별화된 서비스의 가치를 명확히 한다.

식사를 단순히 때우는 장소가 식당이라면 아주 짧은 시간에 식사를 하는 고객으로 끝이 난다. 그러나 귀한 사람에게 식사를 대접하는 자리이거나 가족과 함께 소중한 시간을 함께하며 의미를 두는 외식이나 접대를 하는 식사라면 의미는 달라진다. 맛은 기본이다. 기다리는 첫 번째 이유가 대부분 맛이니까. 그러나 "왜 이 식당에서 식사를 하고 있는지"라는 소중한 메시지가 무언으로 전달이 된다면 이것이 성공 포인트다. 둘의 식당은 "보약 같은 진국"으로 건강의 소중함을 지켜주고 "만남의 소중함과 기쁨"을 공유하게 하고 있었다. 가족이나 직장의 동료들이 함께하기에 좋아서 손님이 많은 이유를 알게 된다.

둘째로 식당이라는 장소에서 즐거운 대화의 소재를 제공한다.

맛있고 건강을 안겨주기 위해 만드는 재료의 구입과정이나 국물을 만들기 위해 24시간 정성을 다해 우려내는 가마솥을 보여준다. 그리고 이러한 재료가 얼마나 건강에 도움이 되는지 읽어보고 이해를 하도록 벽의 장식은 기본이다. 이러한 것들은 손님이 스스로 식당을 선전하도록 공부를 시키기도 하지만 당연히 식사를 하는 중에 분위기를 만드는 대화의 소재가 된다.

일본의 컵 받침 메시지는 돌아가면서 상대에게 다른 내용을 읽어주며 한참이나 웃었다, 대부분이 감사의 마음을 대신 전해주고 애인의 사이는 예약을 하면서 미리 일러두면 그들에게 적절한 내용으로 선정이 되어 애인들이 나누는 밀어와 같은 이야기가 담긴 컵 받침이 도착을 한다.

물론 모든 내용을 그때마다 쓰는 것은 아니다. 200여종의 다양한 명언을 미리 써서 준비를 해두고 매뉴의 예약을 받는 사람이 분위기를 파악하여 분위기에 맞는 내용을 골라 그들의 이름만 쓰면 된다.

셋째로 고객이 기다리게 하는 것도 영업 전략이다.

핵심은 고객이 기다리게 만들기 위해서는 맛과 값 그리고 분위기 등과 같은 매력요소가 필요하다. 그러나 기다리게 만드는 것도 그들을 끌어들이는 요소가 된다. 필자도 식당을 찾다가 많은 사람들이 줄을 선 것을 보고 무슨 요리인지도 모르고 줄을 서서 먹어보고 그 식당의 팬이 된 적도 있다. 손님이 많은 곳은 여러 가지로 매력이 추가로 만들어진다. 기다리다 먹을 때는 두근대며 느끼는 맛의 기대가 있어 식사가 도착했을 때 더 맛을 느낀다고 한다. 30분정도 기다렸을 때 가장 맛보는 즐거움이 커진다는 보고도 있다. 또한 많은 사람들은 기다리는 것을 보고 식당의 대단함에 동조를 하게 되고 음식재료의 회전이 빠르니 신선함도 가득하다. 무엇보다 식당의 인상을 확실하게 남기는 광고 문구를 고객들에게 각인을 시킬 수도 있어 일거양득이다.

이들은 결국 식사시간만이 아닌 모든 영업시간을 손님이 넘치는 식사시간으로 만들고 있다. 이때부터 피크타임은 손님이 먼저 안다. 자주 오는 손님이라면 기다린 기억이 있을 것이고 다른 먼저 경험자로부터 전해 받는다. 한가한 시간을 알고 맞추어 찾아오는 것이다. 배를 채우는 식당이 아닌 테마가 있고 맛이 있고 즐거움이 있는 만남의 장이었다.

따라서 손님이 많다고 규모를 키워서 많은 매력요소를 없앨 일은 아니다. 공급이 과잉이면 언제나 공급자가 손해를 보게 되어 있다.

넷째로 고객에게 가슴으로 느끼는 식당의 품격을 만든다.

고객과의 접점은 사람이다. 신뢰는 결국 사람과의 관계임을 알 수 있다. 고객으로서 식당에 들어서면서 가장 느낌을 주는 것은 손님을 맞이하는 종업원의 예절과 얼굴이다. 가장 먼저 손님을 맞이한 사람이 품격 있는 인사를 한다. 그러면 나머지 전 종업원도 관심을 갖고 함께 반갑게 인사를 한다. 찾아온 고객에 대해 모두가 관심을 가지고 있음을 말하고 있다. 고객이름이나 개인적인 사항까지 기억을 한다면 최상이다. 소중한 고객으로 여긴다면 음식을 나르는 정성 역시 다르다. 역시 손님이 많은 곳은 이유가 있다. 안심과 신뢰를 느끼기 때문이다. 맛만으로는 부족하다.

식당은 고객의 얼굴을 보고 그들이 느끼는 만족감과 행복해 함을 바로 알 수 있는 서비스업의 대표적인 기업 형태이다. 제조기업의 현장은 고객의 감동을 피부로 느끼기는 어렵다. 따라서 고객이 평가하는 요소와 우리가 공급한 제품의 평가에 대한 정보를 생생하게 전하는 품질정보판이 필요하다. 여기에 고객의 다양한 만족요소에 대한 만족표시 얼굴표정이 있어야 한다. 이때 스스로 무엇을 하고 있고 결과가 어떻게 되었는지 알게 된다. 고객을 알고 고객을 만족시키는 것의 중요성을 잠시도 잊어서는 안 된다. 바로 제조기업들도 식당경영의 기본을 공유할 필요성이 커지는 이유이다. 기업은 고객이 느끼는 차별화된 가치를 인식하고 고객이 만족하는 서비스요소에 집중해야 한다. 우리와 거래하는 이유가 거기에 있기 때문이다. 고객의 신뢰는 기업에서 고객이 원하는 제품이나 서비스를 얼마나 소중하게 생각하는가에 달려있다. 고객과의 접점에는 서비스제공자와 "고객이 느끼는 품격"도 함께 존재하고 있었다.

F 오노타이이치 어록(부록)

움직임과 일

바쁘게 움직임이 많다고 일을 하는 것으로 볼 수 없다. 일이라고 하는 것은 공정이 진행되면서 고객이 있는 부가가치가 붙어가는 것으로 낭비가 적고 효율이 높아야 한다. 관리자는 부하의 움직임을 가치있는 일로 바꾸어 주는 노력을 하지 않으면 안 된다.

自動化와 自働化 (자동화와 인변 붙은 자동화)

자동(自働)이란 이상(불량, 기계고장)이 있을 때 스스로 판단하여 멈추어 불량과 안전사고를 방지하는 기계이다. 자동(自動)은 그냥 움직이기만 하는 것이다. 자동(自動)기계는 이상이 있으면 기계나 금형을 부수기도 하고 불량을 대량생산하기 때문에 감시자가 항상 필요하다. 자동화(自動化)를 해도 결국 감시하는 사람이 필요하고 불량도 대량으로 만들기 때문에 선별이나 폐기 손실이 발생한다. 따라서 자동화(自働化)가 중요하다.

눈으로 보는 관리

누구든지 한 눈에 문제를 알 수 있는 작업장을 만들지 않으면 안 된다. 품질로 말하자면 불량을 들어내어 알 수 있게 하고 생산량으로 말하면 계획대로 생산되고 있는지, 늦어지고 있는 지를 한눈에 바로 알 수 있도록 하는 것이다. 이렇게 해두면 문제를 즉시 알 수 있고 개선도 빠르게 진행될 수 있다.

省人化 (생인화)

공정을 합리화해서 생인화하여 공수가 0.5인분 줄었어도 의미가 없다. 사람이 공정에서 완전히 빠질 수 있게 되었을 때 비로소 원가절감으로 연결되는 것이다. 우리들은 사람을 줄이는 생력화가 아닌 생산에 따라 사람의 투입 인원이 달라지는 소인화를 추진하지 않으면 안된다.

少人化 (소인화)

省人化(생인화)를 목표로 하여 自働化(인변 붙은 자동화)를 추진하면서 감산이 되었을 때, 생산량이 줄어든 만큼 비례하여 사람이 줄어드는 유연구조를 만드는 것이다.

생산이 줄어도 사람이 줄지 않는 것은 현장이 정원제가 되어 있기 때문이다. 저성장시대에는 이 정원제를 타파하고 생산 필요대수에 따라 적은 인원으로도 생산 가능한 라인이 되도록 지혜를 짜낼 필요가 있다. 이것이 가능해지면 70%의 사람으로 70%로 줄어든 생산대수에 대응이 가능해진다.

외딴섬

작업원을 띄엄띄엄 떼어 놓으면 서로 도와가며 일할 수 없게 된다. 일을 조합해서 서로 도울 수 있게 하는 작업배분 또는 재배치를 해야 한다. 이때 사람을 다능화하여 적은 양을 적은 인원으로 생산하는 방식인 소인화(少人化)로 연결된다.

흐름작업과 흘림작업

흐름작업은 물건이 흐르고 있을 때 작업하는 것으로 컨베어를 사용하여 물건을 운반하는 것 뿐이라면 흐름작업이 아니라 흘림작업이다. 흘림작업은 외딴섬만을 몇 개 만드는 결과가 되어 작업자에게 부여된 귀중한 시간의 유효이용이 어렵게 된다. 컨베어를 작업의 속도를 알 수 있는 페이스메이커로 활용할 때 흐름작업은 가치가 있다.

멈추지 않는 라인은 훌륭한 좋은 라인이거나 굉장히 나쁜 라인 중의 하나이다.

생산라인이 멈추지 않는 것은 거의 대부분 과다하게 많은 작업자를 가지고 있어 문제점이 나타나지 않기 때문이다. 따라서 여기서 필요한 것은 항상 문제가 있으면 멈출 수 있는 라인이 될 수 있도록 해야 한다. 이때 Neck공정과 문제공정에 대해 개선에 개선을 더하여 최후에는 멈추지 않는 라인으로 만들어 나갈 수 있는 것이다.

◎ 과잉생산의 낭비

여유가 있는 작업자 또는 라인을 별도로 떼어 놓으면 반드시 앞서 작업을 해 나간다. 이렇게 하면 낭비가 가려져 알 수 없게 되어 버린다. 즉, 과잉생산이라고 하는 것은 작업원의 과다배치, 재료동력비, 부자재 등을 미리 사용해 버리는 것이다. 불필요하게 작업원에 대한 비용 사전 지불, 재공품, 제품의 재고에 대한 금리 부담, 정리정돈, 창고면적, 부품운반비 증가 등 헤아릴 수 없는 낭비가 추가로 발생한다.

◎ 저 성장기에 있어서 과잉생산은 죄악이다.

도산의 지름길이다.

◎ 原因과 眞因 (원인과 진인)

원인의 저편에는 진인(眞因)이라고 하는 것이 감춰져 있다. 어떤 경우이든 왜! 왜! 라며 5번 원인을 추구해 가면서 진짜 원인(眞因)을 잡아 대책을 세우지 않으면 진정한 개선이라고 볼 수 없다.

◎ 상호도움작업 (수영, 육상의 릴레이)

수영 릴레이의 경우 빠른 사람이건 늦은 사람이건 일정거리를 담당해야 하나, 육상의 릴레이의 경우 핸드 터치 범위에서는 빠른 사람이 늦은 사람을 Cover할 수가 있다.

라인 작업에 있어서는 육상의 릴레이 방식이 아니면 안 된다. 감독자는 라인의 능률향상을 위하여 상호 도움이 가능한 핸드터치 존을 만들어 놓은 것이 중요하다.

稼動率과 可動率 (가동율)

가동율(稼動率)은 기계가 100% 작업이 될 때 기계가 갖고 있는 능력에 대한 그 때의 부하상태를 나타내는 것으로 생산품이 팔려 나가는 정도에 따라 정해진다. 가동율(可動率)은 작업이 필요할 때 언제라도 작업을 할 수 있도록 하는 것으로 필요한 작업만을 100% 수행하면 된다. 이를 위해서는 예방보전, 교체 시간 단축을 하지 않으면 안 된다.

術(술)은 행동이 필요

「術(술)」이라는 자는 「行(행)」의 안에 「求(구)」가 들어 있어 행동이 요구됨을 표현하고 있다. 기술자는 일을 통해 이익을 내도록 실제 실행하는 것이 제일 중요한 능력이 되는 것이다.

Check는 반성이다.

목표를 달성하지 못했을 때 미달 원인은 누구라도 분석해 나가지만, 달성했을 때 달성 가능했었던 부분에 대한 반성은 거의 하지 않는다. 어떻게 하여 달성이 가능했는지 철저히 조사하여 활용하는 것이 중요하다.

나쁜 물건(불량)을 만들면 관련 책임자가 손해를 보아 곤란하게 하는 것이 시스템을 유지하는 비결이다.

작업개선을 먼저하고 설비개선으로

작업개선은 현재 가지고 있는 설비나 환경에서 제일 좋은 사용

방법을 생각하는 것이다.

먼저 투자가 일어나는 도구(설비)를 만드는 것을 생각하지 말고 돈들이지 않고 일을 하는 방법을 먼저 생각하는 것이 중요하다.

◉ 문제가 있어도 함께 대안을 생각하여 해결하지 않고 「내가 관여하는 것은 월권 행위이다 라며 피하는 것」이 책임전가이다.

◉ 합리화란 당연한 것을 무리 없이 수행하도록 하는 것이다.

합리화 되어 있는 공장은 당연한 모습을 갖춘 곳이다.

◉ 능률이란 공정의 진행방법이 중요한 것으로 땀을 많이 내야만 하는 것은 아니다. 개개의 능률보다 전체의 능률을 생각하라.

◉ 사람은 곤란에 처하지 않으면 좋은 지혜가 나오지 않는다.

고통스러워지면 어떻게든 편하게 할 수 있는 방법이 없을까 생각하게 된다. 사람의 능력은 측정 불가능한 알 수 없는 그 무엇이 있다.

◉ 상품은 문제가 많을수록 비싸게 Cost가 든다.

제조공정 내에서도 마찬가지이지만 공정이 많고 중간창고가 있으면 그만큼 원가는 높게 오른다.

◉ 保全, 修繕, 修理 (보전, 수선, 수리)

보전이란 기계설비를 완전한 상태를 유지하는 것으로 이를 위해서는 소중하게 취급하고, 충분한 손질(급유, 이물 제거 등)을 「사용부서가 한다」라고 하는 사고가 필요하다. 또한, 고장시 단순하게 부품을 교체한다든가 응급처치만을 하면(원인을 제거하지 않았기 때문에) 금방 같은 고장이 발생한다. 이것은 수선이지 수리가 아니다. 수리라고 하는 것은 진짜 원인을 제거하여 두 번 다시 같은 고장이 발생하지 않도록 하는 것(즉, 무리를 없애고 합리적인 움직임으로 복구하는 것)이다. 수리의 반복과 현장의 우수한 설비 취급이 좋은 설비의 보전을 실현한다.

- 기계는 고장이 나는 것이 아니고, 고장을 내는 경우가 많다.

평상시의 설비취급과 예방보전이 중요하다.

- Man Hour와 Man Power

Man Hour(공수)의 계산은 할 수 있으나 그 결과 「일손부족이다」, 「불가능하다」라고 판단하는 것은 안 된다. Man Power는 결코 추량할 수 있는 것이 아니다. 지혜를 냄에 따라 인간의 능력은 무한하게 확대된다.

- 百聞이 不如一見 / 百見은 不如一行 (백문이 불여일견 백견은 불여일행)

백번 듣는 것이 한번 보는 것만 못하다. 백번 보는 것이 한번 실행하는 것만 못하다.

● 왜를 5번 반복하라.

그렇게 하면 진짜 원인을 알 수 있게 되어 확실한 대책을 세울 수 있다.

● 겉치레의 능률과 진실한 능률

필요수가 변하지 않는다든가 감산이 필요한 때 투입 공수를 유지하며 양을 늘려 능률 향상을 꾀하고자 하는 방법, 즉 겉치레의 Up은 하지 않아야 한다. 아무리 힘이 들더라도 투입공수를 감소시켜 능률을 향상시키는 생산성에 도전하지 않으면 안 된다.

● "안다"라고 하는 것은 실행하여 성과를 낼 수 있다는 것이다.

● 정리와 정돈

필요 없는 물건을 처분하는 것이 정리이고, 필요한 물건을 언제든지 편리하게 쓸 수 있도록 위치를 정해두는 것을 정돈이라 한다. 그저 잘 나열해 두는 것은 정렬일 뿐이다. 현장은 정리정돈이 잘 되지 않으면 안 된다.

● 교육과 훈련

교육은 모르는 것을 가르치는 것이고 알고 있는 것을 반복, 반복의 연습을 통하여 몸에 익히도록 하는 것은 훈련이다. 교육만 하고 훈련을 잊어서는 안 된다. 이익을 높이는 것은 훈련이다.

◎ 工數低減과 口數低減 (공수저감과 구수저감)

작업개선을 하여 공수저감을 꾀하더라도 인원수 저감을 하지 않으면 의미가 없다.

◎ 算術과 忍術 (산술과 인술)

제품생산량을 두배로 하여도 작업자는 두 배로 늘어나지 않는다. 경영은 산술적으로 계산되지 않는 지혜와 훈련을 제대로 활용하는 인술(忍術)이 필요하다.

◎ 모든 판단은 고객을 위해 「실제 원가가 싸게 되는가」, 경영을 위해 「실제 성과로 연결될 수 있는가」로 판단하지 않으면 안 된다.

◎ 가치와 가격

가치(Value)와 가격(Price)을 혼돈해서는 안 된다. 제품이 그 가격으로 팔리는 것은 고객에 있어서 가치가 있기 때문이다. 제조원가가 올라가면 가격을 올려야지 어쩔 수가 없다고 하는 안일한 생각은 안 된다. 가격은 오르지만 가치가 일정하다면 고객은 곧 그 물건을 사지 않게 된다.

■ 정 광 열

- 산업공학박사
- 낭비제거 박사
- 컨설팅 대상 대통령상 수상
- KPEC한국산업교육센터 대표이사
- 혁신사관학교 설립 및 운영자

1990년 토요타생산방식의 창시자인 오노타이이치를 만나 기후차체에서 3개월간 진행되는 "TPS최정예전문가 과정" 연수를 처음으로 개발하여 깊이 있게 토요타의 혁신기법을 배웠다. 동시에 삼성전자와 LG전자에서 체득하게 했고 이후 27년간 TPS의 일본 연수지도와 혁신사관학교를 설립하고 창의혁신의 실천방법의 전파에 전념하고 있다. 12년간 9만 명을 수료시켰고 2,500개 기업이나 공무원, 학생들에게도 혁신교육을 실시하고 있다. 2010년에는 혁신컨설팅 대상 대통령상을 수상한바 있다.
농성대학과 국제낭비제거학회가 공동 수여하는 토요타생산방식의 최고 전문가 자격인 "낭비제거박사"를 취득했고 명지대학교에서 "기업의 혁신방향과 실행 모형에 관한 연구"로 산업공학박사 학위를 취득했다.
토요타생산방식의 전문가로서 특강의 실적은 900회가 넘는다.
"변화와 혁신 성공전략", "낭비제거를 통한 원가경쟁력 향상", "3만 달러시대 혁신성공전략", "꿈을 향한 창의적 도전", "창의혁신과 원가경쟁력 향상전략" 등의 다양한 테마로 기업과 공무원, 학생을 위한 특강을 실시하고 있다. 유명대학의 CEO과정 특강으로 5개 대학에서는 6년이 넘게 지속하고 있다. 특히 기업이 정체나 성장의 어려움이 닥쳤을 때 새로운 관점에서 변화와 혁신의 방향을 제시한다.
기업의 경력으로는 LG전자에서 제품개발, 자동화팀장을 거쳐 한국능률협회컨설팅의 생산혁신본부장을 역임했다.
저서로는 "토요타식 기업개혁", "DOING 토요타 혁신성공", "PROFIT 현장경영", "토요타식 모랄업" 등과 역저로서 "낭비제거"가 있다.

- KPEC한국산업교육센터
- 이메일: jeongkl@hanmail.net, Jeongkl@kpec.co.kr
- 홈　피: http://www.k-pec.co.kr/main/
- 블로그: https://blog.naver.com/jeongkl2

041-543-2590 / 010-3782-5882

TOYOTA 혁신력 – 위기를 기회로 만든

초 판 1쇄 인쇄 —— 2018년 4월 15일
초 판 1쇄 발행 —— 2018년 4월 20일
지은이 —— 정 광 열
펴낸이 —— 전 두 표
펴낸곳 —— 도서출판 **두남**
서울시 강동구 성내로6길 34-16 두남빌딩
신 고 : 제25100-1988-9호
TEL : 02) 478-2065~7, 2311
FAX : 02) 478-2068
E-mail : dunam1@unitel.co.kr
http://www.dunam.co.kr

정가 17,000원

ISBN 978-89-6414-795-5 03320